WEGE ZUR GEISTHEILUNG

von
HARRY EDWARDS
unter Mitarbeit von
OLIVE BURTON

Dieses Buch konnte mit dankbarer Unterstützung vom Dachverband Geistiges Heilen e. V. realisiert werden.

www.maechlerverlag.ch

Lizenzausgabe mit freundlicher Genehmigung vom Verlag Hermann Bauer.
Erste Auflage der ungekürzten und durchgesehenen Neuausgabe.

Umschlaggestaltung: Marcello Genovese
Printed in Germany

ISBN 978-3-905837-00-1

Inhalt

Vorwort		7
1	Das Heilungspotential	9
2	Die Heilungsgabe	15
3	Der Geist des Menschen	19
4	Die Geistkörper des Menschen	22
5	Die erste Entwicklungsphase	27
6	Fernheilung	33
7	Die zweite Entwicklungsphase	43
8	Die Heilungsführer	45
9	Allgemeine Regeln für die Führung	49
10	Die dritte Entwicklungsphase	53
11	Der Wert der Heilungsstriche	56
12	Die vierte Entwicklungsphase	60
13	Heilung durch Magnetismus	64
14	Krankheit und Gemüt	67
15	Psychologischer Heilungsaspekt	71
16	Vibrationen – Schwingungen	74
17	Weshalb schlagen einige Heilungen fehl?	79
18	Zusammenarbeit mit der Schulmedizin Einführung in die Behandlungen	83
19	Das Rückgrat	89
20	Geistesstörungen	94
21	Krebs und Gewächse	101
22	Arthritis und Rheumatismus	106

23	Paralyse	110
24	Tuberkulose und Brusterkrankungen	114
25	Nervenleiden	117
26	Funktionsstörungen	119
27	Die Sinne	121
28	Kinderkrankheiten	125
29	Farbenheilung, Radiesthesie, Elektronenbehandlung	129
30	Letzte Schlußfolgerungen	134

Vorwort

Es ist eine schwierige Aufgabe, jemandem einen schriftlichen Rat zu geben, wie psychische Gaben zu entwickeln seien. Aber wir hoffen, daß dieses Buch denen, die Kranke heilen möchten, nützen wird.

Medizinische und technische Ausdrücke sind vermieden worden. Manchem Leser mag die einfache Ausdrucksweise nicht zusagen, wir wählen sie aber, weil dieses Buch für diejenigen bestimmt ist, die nichts von spiritueller Heilung wissen.

Über viele der vorgeschlagenen Methoden sind einige Heiler anderer Auffassung. Da haben wir keinen Anlaß, uns zu entschuldigen. In den letzten Jahren hat man manche Praktiken eingeführt, die zwecklos sind und lieber vermieden werden sollten.

Die vorhandenen Wiederholungen sind wohl erwogen, sie prägen sich dem Gedächtnis des Lesers ein und beziehen sich immer auf den gerade erreichten Heilungsgrad; dadurch erspart man sich, nach den Belehrungen zu forschen.

Frau Olive Burton danke ich herzlich für die geleistete große Hilfe. Ihre Beobachtungen bei vielen Heilungs-Seancen haben vieles aufgeklärt. Sie brachte neue Ideen und änderte einige zu kritische Anweisungen. Bei der Abfassung dieses Buches ist mir ihre enge Mitarbeit vom Anfang bis zum Ende die größte Hilfe gewesen.

Burrows Lea,
Shere, Surrey
Im März 1950

1

Das Heilungspotential

Viele Leute möchten lernen, wie man die Gabe der Krankenheilung entwickelt. Der Zweck dieses Buches ist, dazu den einfachsten Weg zu zeigen.

Heilen ist vielleicht die größte Gabe, die man sich wünschen kann; sicherlich ist sie es im Geistigen. Die im „Neuen Testament" erwähnten Heilungen haben während der vergangenen 2000 Jahre die Einbildungskraft in allen Ländern erregt. Wenn man einen Durchschnittsmenschen fragt, was ihm vom Leben des Heilands den tiefsten Eindruck gemacht habe, wird er wahrscheinlich antworten: „Die vollbrachten Wunder", und davon sind die Heilungen die auffallendsten und denkwürdigsten.

Wenn heute jemand mit Kranken und Leidenden zusammenkommt, drängt das innere Selbst danach, etwas zu tun, um die Not zu lindern und den Kranken wiederherzustellen.

Heilen zu können ist ein natürlicher Wunsch. Im allgemeinen haben alle, die mit den Leidenden fühlen und ihnen zu helfen wünschen, die natürliche Heilkraft. Es gibt einige Leute, die „natürliche Heiler" sind, wie andere ein natürliches Talent für Musik, Mathematik etc. haben.

Zuerst sollte man wohl den allgemeinen Begriff der spirituellen Heilung überdenken.

Es steht außer Zweifel, daß solche Heilungen in großer und zunehmender Zahl stattfinden. Die vielen Beweise sprechen für den großen Dienst an der Menschheit, den die spirituelle Heilung geleistet hat. Die Kirche von England beginnt die Heilung als Teil ihrer Arbeit zu behandeln und der General Medical Council hat kürzlich seine Bereitwilligkeit für die Mitarbeit mit der Anglikanischen Kirche unterzeichnet.

Geistheilung ist nicht das Vorrecht einer Religion oder Rasse; sie ist ein Erbgut der ganzen Menschheit. Sie wird überall in den Ilamasaries von Tibet ausgeübt und jeder mohammedanische Priester fleht um Heilung für die Kranken. Die Gabe des Heilens ist kein ausschließliches Verdienst der Christenheit, sondern sie gehört auch zu jeder anderen Religion.

Shri Krishna sagte einmal: „Die Weise, in der die Menschen sich mir nähern, ist dieselbe, wie ich sie empfange. Denn der Weg, den die Menschen von allen Seiten nehmen, ist der meine."

Es gibt nicht eine Art von Heil-Gesetzen für die Spiritualisten und eine andere für die Methodisten oder die Ausüber der „Christian Science". Es gibt allgemein gültige Gesetze für das Heilen, wie für jeden Vorgang im Weltall. Man muß die Gesetze kennen und wissen, wie man sie anwendet.

Über die Ausübung der Heilung gibt es zwei Schulmeinungen. Die erste nimmt eine direkte Gnadenwirkung aus göttlicher Quelle an, die die universalen Gesetze außer Kraft setzt, um ein Leiden von Herrn Braun oder Frau Schmidt fortzunehmen. Diese Theorie beruht auf „Heilung durch den Glauben". Es gibt genügend Beweisgründe dafür, daß Geistheilung dem „Glauben" des Patienten weit überlegen ist.

Solche Heilungen bedeuten gewöhnlich, daß man für den Leidenden um Gnade betet. Es gibt aber keine solche „Gnadenwirkung", die aus der Heilkraft irgendeiner Quelle stammt. Man kann die Auffassung nicht aufrechterhalten, daß die Kräfte, die das Universum, die Gesundheit und die Schicksale der einzelnen Menschen leiten, beeinflußt werden, weil ein Mann oder eine Frau, wie wertvoll sie auch seien, die Gottheit um persönliche Hilfe bitten und ein Abweichen der unabänderlichen Naturgesetze erbitten. Wollte man dies zugeben, so würde man verneinen, daß Gesetz und Ordnung den Entwicklungsprozeß regieren, der alle Materie und jeden Körper und die Seelen beherrscht.

Die zweite Theorie ist, daß man als allgemeine Grundlage annimmt, alle Dinge flössen aus Gott, und daß daher auch die Heilung von Gott komme. Sie entsteht aus gesetzmäßigen Vorgängen, geleitet von weiseren, nicht inkarnierten Wesenheiten, von wirklichen „Agenten" des göttlichen Plans.

Wenn auch manche Geist-Heilungen wunderbar zu sein scheinen, gibt es doch kein „Wunder", das aus der natürlichen Ordnung fiele. Jede Veränderung, innerhalb des Universums (entweder materiell oder geistig) kommt aus gesetzmäßigen Kräften. So ist es bei der Bildung der Sterne und ihrer Bewegung, bei der Zeugung und Vernichtung des Lebens, beim Aufbau eines Atoms und bei allem anderen. Nichts ereignet sich durch Zufall. Da nun gesetzmäßige Kräfte das Universum und uns selbst beherrschen, so gelten sie auch für die Geistheilung. Jetzt kommt es darauf an, diese Gesetze zu verstehen.

Geistheilung ist nicht neu – sie ist uralt. Jesus kannte den Weg, die Heilkraft anzurufen, und er lehrte ihn seine Jünger. Er beauftragte sie und die Kirche, das Evangelium zu predigen und die Kranken zu heilen. Sie befolgten es, aber die Kirche selbst wich von diesen Lehren ab, um Vorteile zu gewinnen, und ließ die Heilgabe fallen. Jahrhunderte lang war die Kunst des Heilens verloren. Heute muß die Kirche die Geistheilung wieder anerkennen, aber sie versucht noch, sie zu einem Vorrecht der Kirche zu machen – oder sie bei anderen als „Teufelswerk" zu verdammen.

Um Kranke heilen zu können, muß man die Geistheilung in ihrem wahren Lichte sehen. Die Heilkräfte kommen aus dem Geist; das nehmen alle außer den krassesten Materialisten an.

Es ist ausreichend bewiesen, daß sie vom Geist stammen. Im Universum steht alles unter Gesetzen; Heilungen finden statt, wenn alle Menschenkunst versagt, daraus geht hervor, daß höhere Intelligenzen da sind und die Heilungen bewirken. Denn woher käme sonst die mit Intelligenz gesteuerte Kraft, welche die Heilung vollbringt?

In unserem Alltag gibt es unsichtbare Kräfte. Sie sprechen in allen Zungen, kennen alle Arten Musik und brauchen nur einen Radioempfänger, um gehört zu werden. Man hätte eine solche Feststellung vor 100 Jahren als verrückte Entgleisung eines Gelehrten gebrandmarkt.

Die Kräfte, die beim Rundfunk wirksam sind, werden durch die Intelligenz des Menschen gelenkt. Auch die Heilkräfte sind bei uns und brauchen ebenso eine intelligente Führung. Da der Mensch dies nicht weiß, können sie nur von nicht inkarnierten Wesen gelenkt werden. Für den Menschen ist es möglich, sich mit diesen nicht inkarnierten Seelen zu verbinden. Wir wollen das hier nicht erörtern, es sind Beweise genug da, um die Wahrheit zu bezeugen. Damit haben wir den Weg gefunden:

1.) wie wir die Hilfe der Geistheiler anrufen können, und die Erkenntnis

2.) welche lebenswichtige Rolle der Heiler spielt.

Die erste und vielleicht wichtigste Erkenntnis, die der angehende Heiler gewinnen muß, ist die, daß er selbst nicht heilt. Hier wird vielleicht am ehesten von Heilern ein Fehler gemacht. Es gibt keine persönliche Heiltechnik.

Enige Leute entdeckten, wenn sie ihre Hände auf den Körper eines Kranken auflegten, daß dessen Schmerzen verschwanden; sie fragten: „Wie kann ich heilen lernen?”

Es ist gut zu wiederholen, daß die Heilung durch geistige Kräfte zustandekommt.

Wie dies geschieht, weiß man nicht.

Der Mensch wirkt als Durchleitungsrohr und die Heilung kommt nicht von ihm.

Es ist verständlich, daß der Mensch selbst die Heilung herbeiführen möchte oder nach der Kenntnis strebt, wie sie bewirkt wird.

Dies wollen wir später erörtern, aber wir können nicht nachdrücklich genug sagen, daß der Heilpraktikant die Genesung nicht bewirkt, er ist nur das Instrument, das zur Gesundung führt.

Es gibt keine festen Regeln, die den Heilungsprozeß bestimmen. Was für den einen paßt, paßt nicht für einen anderen. Obgleich dieses Buch gewisse Vorschläge für die Entwicklung des Heilers machen will, muß man in Erinnerung bringen, daß es keine „Einzel”-Methode gibt. Die Vorschläge, die nun folgen, sind nicht starr und nicht für Jedermann anwendbar. Wir hoffen, daß die Grundlagen, auf der sie ruhen, für die Mehrheit gelten.

Der Leser hat wohl bemerkt, daß der Autor in dem Gedanken an den göttlichen Ursprung des Geistheilens den Gegenstand vom praktischen Standpunkt aus behandelt, denn je besser wir verstehen, was und weshalb wir etwas tun, umso größer sind die Fortschritte. Ritual und Zeremonie beeindrucken die Gläubigen, und das nützt psychologisch, aber nicht wirklich. Auch helfen sie gar nicht, die Wissenschaft der Heilung aufzuhellen – da sie wirklich eine Wissenschaft ist. Das Tragen eines weißen Mantels macht noch keinen Heiler. Bevor man versucht wirklich zu heilen, sollte man die geistige Beschaffenheit des Menschen völlig kennen. Dies wird in den besonderen Kapiteln behandelt, die dieses Thema zuerst aufnehmen. Wir empfehlen, sie mehr als einmal zu lesen.

Es gibt freilich natürliche Heiler gemäß ihrer Begabung. Diese glücklichen Leute vermögen ihre Gabe mit besserem Verständnis für diese Vorgänge anzuwenden und können der Menschheit einen weit größeren Dienst leisten. Im allgemeinen haben die meisten Menschen in einer oder einer anderen

Form, die Gabe zu heilen. Die Gabe mag latent sein, aber sie besteht. Wenn sie Heilungen gesehen haben, fühlen einige Leute den Drang zu heilen, und es gelingt ihnen weit über ihre eigenen Erwartungen.

Es versteht sich, weil wir die Wirkungsweise der Heilkräfte noch nicht begreifen, daß wir nicht voraussagen können, was die Heilung bewirkt.

Man kann daher dem Patienten nichts prophezeien.

Die Heilpraktikanten sehen oft, daß völlig Fremde von Leiden befreit werden, während ihre eigenen Verwandten und Freunde sich anscheinend von ähnlichen Leiden nicht erholen können. Wir dürfen auch niemals sagen, wo die Heilung aufhören solle. Gelegentlich sind Patienten zu einem Heiler mit solchen Störungen gekommen, daß sein erster Gedanke war, „hier ist wohl nichts mehr zu machen". Doch zu seiner Überraschung wurden anscheinend hoffnungslose Fälle geheilt, doch in der selben Sitzung wurde ein anscheinend einfaches Leiden gegen alle Erwartung nicht behoben.

Vorläufig genügt es zu sagen, der Heiler müsse den Geistheilern völlig vertrauen, daß sie heilen, so weit es möglich sei.

Während des letzten Jahrhunderts hat der Fortschritt der Wissenschaft Kräfte entdeckt, von denen man bisher nichts ahnte. Die Kraft des Heilens ist tatsächlich vorhanden, und jeder Fortschritt stützt die geistige Lebensauffassung.

Röntgen-Strahlen, Rundfunk-Übertragung, Radar und Fernsehen beweisen uns, daß man von fernher Dinge sehen, hören und fühlen kann. Daran zweifeln wir nicht mehr. Sie gehören zu unserem Alltag.

Die Atom-Forschung bringt uns dem Verständnis der metaphysischen Kräfte, besonders derer, die sich auf Geistheilung beziehen, näher, – so weit der Mensch es verstehen kann.

Die Offenbarung, daß das Atom nicht materiell, sondern geordnete Energie sei, zeigt uns, der menschliche Körper ist gerade so wie alle anderen irdischen Dinge eine Zusammensetzung hoch organisierter Energie. Der Mensch kann in einem beschränkten Grad diese Energien kontrollieren, sie lenken und auf sie einwirken, ihre chemische Verbindung und ihr Potential ändern. So werden wir es gewahr, wenn auch erst schwach, daß höhere Geistwesenheiten übergeordnete verbessernde Kräfte lenken, um eine chemische Veränderung innerhalb unseres Körpers zu bewirken.

Weil wir in der Wissenschaft Fortschritte machen, müssen wir es auch im Geistigen. So wenig wir auch vom Atom und seinen Geheimnissen wissen, so verstehen wir dadurch dennoch das seelische Gebiet besser. Die Fähigkeit, zerstörtes Gewebe wiederherzustellen, die Nervenzentren zu beleben, Krebs aufzulösen, seelische Zusammenbrüche zu heilen, sind alles Veränderungsprozesse. Sie wirken so ähnlich wie die bekannten Atom-Gesetze. Solange wir uns der spirituellen Wissenschaft mit Verständnis nähern und uns befragen und uns folgerichtig verhalten, lernen wir überall aus der Erfahrung dazu. So kann eines Tages die Geistheilung alltäglich werden, genau wie der heutige Rundfunk.

2

Die Heilungsgabe

Die erste Frage, die der Leser mit Recht stellt, ist: „Wie kann ich wissen, ob ich die Gabe zu heilen habe?" Allgemein haben viele Leute latente Heilkräfte. Es gibt zwei Hauptgruppen:

1.) diejenigen, die nur auf sich selbst bedacht sind und hauptsächlich ihre eigene Bequemlichkeit und ihren Besitz im Auge haben;

2.) diejenigen, die mit anderen fühlen, ihre Not mitempfinden und vor allem den Wunsch haben, ihren Mitmenschen zu dienen. Nur aus dieser zweiten Gruppe kommen die Heiler.

Wer den Wunsch hat, den Hilfsbedürftigen beizustehen, dessen Heilungspotential kann entwickelt werden. Dies ist um so sicherer, wenn der Wunsch zu einem tiefen Sehnen wird, Schmerz wegzunehmen und das Leid zu lindern.

Es gibt solche, die heilende Hände haben, die Kopf- und andere Schmerzen lindern können. Diese Fähigkeiten haben viele, aber nur wenige sind sich dessen bewußt. Sie kommt bei Männern und Frauen vor und ist leicht zu beweisen. Der Besitz heilender Hände ist ein sicheres Anzeichen, daß die Gabe da ist, um entwickelt zu werden.

Dann gibt es noch eine andere Gruppe, die offenbar Heilkräfte hat, es sind diejenigen, die durch ihre Gegenwart Kraft und Lebensmut auf die Kranken übertragen. Wie oft hört man, daß ein Patient sagt: „er muntert mich auf" oder „er scheint mir Kraft zu geben", wenn gewisse Leute zu ihm kommen, bei denen er sich wohler fühlt.

Wird die Geist-Heilung weiter verbreitet und als natürlich angenommen, dann wird sie ein Teil des Familienlebens. Man wird sie ebenso allgemein anwenden wie die heutigen Heilmittel.

Dazu gibt es viele Gelegenheiten und manche können auf diesem Gebiet arbeiten. Die Einübung ist keine komplizierte Angelegenheit. Sie ist einfach, denn Heilen ist ein natürlicher Akt, wenn man einmal erkennt, auf welcher

Grundlage es beruht. Zusammenarbeit mit den Geistführern kann ebenso vertraut werden wie die Harmonie zwischen Mitgliedern einer glücklichen Familie. Je einfacher der Anfänger die Heilung ansieht, um so besser für das endgültige Ergebnis. Ich wiederhole, Heilen ist kein Vorrecht irgendeiner Religion oder einer Sekte. Dieses Buch gründet auf dem Standpunkt des Spiritualistischen. Damit wird für die logische Methode der Kontaktaufnahme und der Entwicklung gesorgt.

Es gibt innerhalb der spiritualistischen Bewegung zwei Heilmethoden,

1) die eine arbeitet unter Trance

2) die andere bei Wachbewußtsein.

Bei denen, die in Trance arbeiten, ergreift der geistige Führer Besitz von dem Gemüt des Heilers und wirkt durch ihn. In diesen Fällen ist eine Entwicklungszeit nötig, um Heiler und Geistführer zu verbinden. Es gibt zahlreiche Kreise in Kirchen und privat, in denen die Leute ihre Heilkräfte und psychischen Gaben entwickeln.

Der Autor begann sein Heilungswerk auf diesem überlieferten Weg und anfangs heilte er unter Trance. Er nahm alle überlieferten Praktiken an, die man gewöhnlich in Heilungszirkeln sieht. Aber er hat seitdem gelernt, auf die meisten zu verzichten.

Wer psychische oder Heilungskräfte entwickeln will, betrachte diese Worte nicht zu kritisch. Sie sollen bei ihrem Weg bleiben, und dieses Buch wird ihnen hoffentlich zu weiterem Fortschritt verhelfen.

Die Gründe für die Ansicht, daß Trance für die Heilung nicht nötig sei, werden später gegeben.

Welchen Weg der Heiler auch wählt, als erstes strebe er danach, mit den heilenden Geistführern in Verbindung zu kommen.

Wir betrachten zuerst einige Verallgemeinerungen, auf denen jeder Heilungsakt beruht. Wir müssen zuerst die Wahrheit anerkennen: jeder Wechsel im Leben kommt von gesetzmäßig gelenkten Kräften. Wenn eine Geistheilung stattfindet, muß dies auch durch gesetzmäßige Kräfte verursacht werden, denn bei der Heilung haben wir noch zum Teil mit der Welt der Materie zu tun. Es gibt jedoch einen tiefgreifenden Unterschied zwischen dem Wirken der physikalischen und der metaphysischen Gesetze.

Die physikalischen Gesetze wirken automatisch. Wäre dies nicht so, wäre ein wissenschaftlicher Fortschritt unmöglich und es könnte kein geordnetes Leben geben. Ein fallender Gegenstand erreicht die Erde durch das Gesetz der Schwerkraft – und da gibt es keine Ausnahme. Unüberwindliche, sich nicht ändernde Gesetze regieren die Materie. Elektrizität ist eine Kraft, aber um eine gewisse Wirkung zu erreichen, braucht der Mensch die Wissenschaft.

Wie ein Mensch eine physikalische Kraft leiten kann, so ist eine geistige Wesenheit nötig, um eine spirituelle Kraft lenken zu können, denn diese Kraft gehört dem spirituellen Reich und nicht der Erde an. So ist es mit den spirituellen Heilkräften, jede Heiltätigkeit erfordert eine unabhängige, intelligente Führung.

Dies kann leicht gezeigt werden. Bei einem Heiler sieht man Heilungen der verschiedensten Arten, so z.B. die Besserung von Geistesstörungen, Auflösung von Gewächsen und die Besserung von Augen- oder Gehörleiden. Offenbar ist für jeden der drei soeben erwähnten Fälle verschiedene Art von Heilungskraft notwendig. Um die richtige Art der Heilkraft in entsprechender Stärke für ein Leiden anzuwenden, ist eine intelligente Führung notwendig. Da der Mensch dieses Wissen bisher nicht hatte, kann es auch nicht in seinem Unterbewußtsein sein. Dieses speichert die Erfahrungen auf; es hat die Geistkräfte nie zu leiten gelernt, deshalb ist es nicht Sache des menschlichen Geistes, sie anzunehmen oder abzulehnen.

Wir folgern also, der Geist muß wirken durch Wesen von größerer Weisheit als der Mensch. Diese Geistoperateure nennen wir „Heilungsführer".

Der Heilungsvorgang bewirkt im physischen Körper eine Veränderung, die metaphysischen Kräfte müssen gehandhabt und mit den physischen Kräften übereingestimmt werden.

Wir haben schon das Beispiel gebraucht, daß in unserem Zeitalter die Atmosphäre mit unsichtbaren Kräften erfüllt sei, sie bringen Musik und Nachrichten aus der ganzen Welt: ein Radiogerät kann sie empfangen und unter ihnen wählen und die Kräfte in hörbare Klänge umwandeln. Das Fernsehen kann ebenso charakteristische elektrische Kräfte empfangen und sie in belebte Bilder umwandeln. Wir schätzen die Heilkräfte ebenso, die durch den menschlichen Empfänger (den Heiler) geleitet und zur Heilung von Krankheiten übertragen werden.

Um diese Empfangsfähigkeit zu entwickeln, ist es unsere erste Aufgabe, die Kunst zu erlernen, uns auf Geistheiler und Heilkräfte einzustellen.

Unser erstes Bestreben ist es, dem Leser zu dieser geistigen Verbindung zu helfen. Geduld ist notwendig gerade wie für die Pflege anderer Künste. Erinnern wir uns an das Vorhergesagte, daß wir nur als Empfänger der Heilkräfte wirken können, daß diese auf den Patienten übertragen werden und daß wir nicht selbst heilen.

3

Der Geist des Menschen

Bevor wir versuchen, Heilmedium zu werden, müssen wir zuerst unsere eigene Natur erkennen und Harmonie mit dem geistigen Reich anstreben.

Bei jeder Übertragung muß zwischen dem Sender und dem Empfänger Harmonie herrschen. Wenn wir als Werkzeuge für die spirituellen Kräfte wirken wollen, müssen wir dafür die geistigen Fähigkeiten haben. Diese Fähigkeit ist eine Eigenschaft unseres Geistes. Durch das ganze Buch hindurch wird der Leser finden, daß Feststellungen nur mit vernünftiger Begründung gemacht werden. Immer ist es weise, jede Feststellung zu prüfen, bevor wir sie als Wahrheit annehmen.

Durch ein einfaches Studieren des Vorgangs vom physikalischen und geistigen Wirken kommen wir zu den Beweisen, daß der Mensch ein Geistwesen ist. Wenn wir einen Gegenstand sehen, geschieht es physisch mittels des Auges. Das Auge selbst „sieht" nicht; es ist das empfangene Organ für die Lichtstrahlen. Die Lichtstrahlen laufen vom Auge durch die Nerven ins Gehirn, wo sie von uns als Lichtempfindung wahrgenommen werden.

Ebenso ist es beim Vorgang des Hörens. Das Ohr ist das Organ, das die Schallwellen empfängt. Die Nerven führen sie zum Gehirn, wo sie von uns wahrgenommen werden.

Sobald wir uns auf Licht- und Schallwellen einstellen, werden uns Licht und Klang bewußt. Wenn wir schlafen, empfangen unsere Ohren noch immer die Klangvibrationen, aber sie werden uns nicht bewußt, denn wenn wir schlafen, ruht unser Bewußtsein. Allgemein ist außergewöhnlicher Lärm nötig, um das Wachbewußtsein herzustellen, dann wird der Schall wahrgenommen.

Wenn der Hellseher eine Vision hat, wird er ihrer ebenso bewußt wie beim natürlichen Sehvorgang; genau so beim Hellhören, das Medium empfängt die Botschaft aus geistiger Quelle. Die Vision ist physisch nicht wahrnehmbar und die Klänge sind dem Ohr unhörbar.

Heiler und Geistführer müssen in Harmonie sein. Ein Mittel zwischen Sender und Empfänger muß die Strahlung ermöglichen.

Bei dem physischen Sehen und Hören begreift man dies ohne weiteres. Beim spirituellen Sehen und Hören sieht das natürliche Auge und hört das natürliche Ohr nichts, doch gelten die selben Prinzipien zwischen Sender und Empfänger, es muß ein Mittel da sein und Harmonie herrschen. Daraus folgt: ein Bild, das von einem nicht inkarnierten Wesen stammt, kann nur von einem gleichartigen Wesen empfangen werden; sein Geist kann sich nur mit einem Geistwesen verbinden.

Dasselbe gilt für alles, was sich im Geistigen abspielt. Es gilt für die als Inspirationen empfangenen Geistbotschaften. Es beweist in erster Linie, daß ein Geist-Körper vorhanden ist, der mit dem physischen Körper zusammenwirkt.

Ein Medium, das sich mit dem Geistigen verbinden kann, ist an sich nicht anders beschaffen als andere Menschen. Der einzige Unterschied ist seine Verbindung mit der geistigen Welt. Ein Medium hat einen Geistkörper wie auch jeder andere, die geistige Kraft kann jedoch noch schlafen.

Diese Beobachtungen beweisen wie bereits gesagt, daß die meisten Leute Heilungsgaben entwickeln können.Es ist wahr, die meisten Menschen hatten zeitweilig psychische Erlebnisse, Inspirationen, Warnungen, Visionen etc. Sie haben sich vorher darauf nicht gedanklich vorbereitet. Diese Wahrnehmungen kommen, wenn der Verstand noch ruht oder „an nichts anderes denkt", und die gehören deshalb in die Gruppe psychischer Erlebnisse.

Wenn wir hiervon ausgehen, können wir eine sehr wichtige Schlußfolgerung ziehen, sowohl für die Entwicklung als auch für den Akt der Heilung. Damit eine Sensitive mit dem Auge oder mit dem Ohr Botschaften aus dem Geistigen empfangen oder jemand ein psychisches Erlebnis haben kann, darf das Wachbewußtsein nicht mit Gedanken oder Empfindungen beschäftigt sein, so daß es für geistige Einflüsse offen ist. Das Bewußtsein muß auf den „Spirit" abgestimmt sein. Dies Prinzip wird in der selben Weise auf die Heilung angewandt.

Alles zusammen: Empfang aus der spirituellen Welt erfolgt, wenn das Tages-Bewußtsein schläft. Die Übertragung vom Medium auf den Geist erfordert dieselbe geistige Einstellung.

Diese Folgerung ist für die Fernheilung von großem Wert. Der Heiler sei entspannt und beschäftige sich nicht mit dem Alltag.

Geistige Anspannung ist zu vermeiden.

4

Die Geist-Körper des Menschen

Der Mensch ist ein Geistwesen und hat auch einen Geist-Körper. Davon sollte der Heiler etwas wissen. Das hilft ihm zum Verständnis dessen, was er beim Heilen zu tun hat und wie der Kranke die Heilkräfte aufnimmt.

Jede Seele hat einen Geist oder Gottesfunken, dieser wird zuerst angesprochen. Dies zeigt sich nicht äußerlich. Der Mensch ist nach seinem „Gewissen" einzuschätzen. Man bezeichnet das Gewissen auch oft als den göttlichen Funken, es ist der Kernpunkt des Lebensimpulses und wirkt durch den Geist auf die psychische Ebene.

Der Geist-Körper soll dem physischen Körper entsprechen. Er spiegelt Gesundheit oder Krankheit des Körpers wieder. Im Wesentlichen gehört er der Natur an – hiermit meinen wir die natürliche Welt. Alle Erfahrungen stammen aus dieser Quelle. Der menschliche Geist als Intellekt hat selbst keinen geistigen oder göttlichen Charakter. Er dient der Antriebskraft des physischen Körpers, der mit dem tierischen verwandt ist.

Das Geistige und der Geistkörper können Disharmonien aufweisen, aus denen körperliche Krankheiten hervorgehen. Wir werden später mehr darüber sagen.

Zweitens gibt es noch einen Körper, den man als Ätherkörper bezeichnet. Dieser wirkt als Speicher oder als ein Reservoir von Energien für den physischen Körper.

Man darf den Äther-Körper nicht mit dem Geist-Körper verwechseln. Er ist kein Körper im gewöhnlichen Sinne, sondern eher ein ätherischer Stoff, eine Art „Umhüllung", mit den Kräften und Energien, ohne die der Mensch nicht leben kann. Er kann aus dem Psychischen und dem Geistigen neu gestärkt werden. Von physischer Seite wird er indirekt durch die Nahrungsaufnahme, Atmung usw. gespeist. Von der geistigen Seite geschieht dies durch die aus dem Kosmos strömenden Kräfte.

Wir können dies durch eine Analogie klarer machen. Die Sonne belebt die Erde und der Regen macht sie fruchtbar. Dadurch kann das Korn keimen und wachsen. Die Eiche empfängt in ihrer Lebenszeit nicht nur von den Wurzeln in der Erde aufbauende Energien, sondern ebenso von der Sonne, vom Wind und dem Regen, diese Kräfte wirbeln und zirkuliercn in ihr. Hier herrscht Gleichgewicht. Auch der Mensch wird von einem Kräfte-Meer umbrandet, diese Kräfte kreisen um ihn und regeln seinen Gesundheitszustand. Diese Kräfte sind wohl kaum für sich allein da, sondern für den Menschen, wenn er ihrer bedarf.

Diese Kräfte, die im Äther-Körper enthalten sind, können von einem Menschen, der davon reichlich hat, einem Kranken zugeführt werden und dieser fühlt sich dann wohler. (Siehe Kapitel 13 – Magnetopathische Heilung)

So erkennen wir einen physischen Körper in einem Äther-Körper, dieser speichert die Lebenskräfte für den physischen Körper auf.

Der Geist regiert und kontrolliert diese ganzen Vorgänge. Auch das Wachbewußtsein trägt zum Wohlbefinden bei, aber der Geist selbst beeinflußt unsere Gedanken und unsere Gesundheit.

Der Geist-Körper (der in den kleinsten Einzelheiten mit dem physischen Körper übereinstimmt, ist übergeordnet und maßgebend). Unser Wohlbefinden, unsere Gedanken und die daraus entstehenden Anregungen hängen von ihm ab.

Alle Empfindungen sind jedoch geistige Erfahrungen. Der physische Körper einschließlich des Gehirns ist nur eine Masse organischen Gewebes. Die Kraft, welche die Funktionen und Bewegungen des Körpers leitet, gehört nicht dem Gewebe an, sondern stammt von etwas viel Lebendigerem, Lebenskräftigerem, Entscheidenderem – nämlich dem „geistigen Selbst". Diese Kraft beherrscht direkt den physischen Körper durch geistige Leitung und ebenso das Drüsensystem. Die Drüsen funktionieren wie Richthebel an der Maschine, der Geistkörper wie der diensttuende Ingenieur.

Der ganze Mensch unterliegt beständig dem Wechselspiel der kosmischen – und der Gedanken-Kräfte.

Diese Kräfte wirken über die ganze Schöpfung und einige von ihnen beeinflussen das Wohlbefinden des Menschen.

Der physische, der Äther – und Geistkörper nehmen diese Kräfte nach Bedarf auf.

Diese Kräfte oder Strahlen sind lebensnotwendig — ohne sie gibt es kein Leben. Wenn der Mensch sich nicht im Gleichgewicht befindet, so spiegelt sich Disharmonie im Körper wieder, und Krankheit und Leiden folgen.

Bei der geistigen Heilung befassen wir uns mit der Heilung des physischen Körpers, aber wichtig ist es, daran zu denken, daß Disharmonien auch im Geist-Körper wirken – wie wichtig das ist, werden wir später würdigen.

Das wahre Ziel der Geistheilung kann am besten in den Worten von „Silver Birch" („Silber-Birke") zusammen gefaßt werden. Im Februar 1950 nahmen Mr. und Mrs. Burton und Harry Edwards an einer Seance teil. Sie genossen die Führung dieses weisen Geistes.

> „So, wie viele andere, die hier sind, möchte ich zuerst zu Euch beiden sprechen und Euch einiges von den Dingen erzählen, die ich mit anderen aus unserer Welt um Euch herum sehe. Ich hoffe, daß es Euch dienen wird."
>
> „Als Edwards das letzte Mal hier war, sagte ich ihm, der wichtigste Teil seiner Arbeit sei nicht der, physische Körper zu heilen; von unserem Standpunkt sei es zwar sehr gut, aber nicht das Ziel der Heil-Kraft. Das wahre Ziel der Geist-Kraft ist, die Seelen, die zu Euch kommen, zu berühren."
>
> „Solange die Menschen nicht erkennen, daß sie Seelen sind und nicht physische Körper, leben sie, ohne die Wahrheit zu erkennen; sie leben im Schatten und jagen nach Illusionen. Erst, wenn sie ihr wahres Selbst erkennen, ihre Geist-Natur, finden sie die Wahrheit. Das Ziel des irdischen Lebens ist, sich selbst zu finden. Findest Du erst Dein Selbst, dann wirst Du – wenn Du weise bist, die in Dir ruhende Göttlichkeit entwickeln."
>
> „Es ist meistens so, daß Leute Deiner Welt ihr Selbst nicht finden, sie sind sich ihrer spiritualen Natur nicht bewußt, solange, bis Sorgen und Tragödien über sie kommen. Nur in der Dunkelheit findet man das Licht des Lebens."
>
> „Du begegnest meistens denen, die an Körper und Gemüt erkrankt sind, und durch die Heilung sollen sie nun gewahr werden, daß sie Geist-Wesen sind. Und wenn es Dir gelingt, ihre geistige Natur zu berühren, wenn Du die göttliche Fackel in ihnen anzünden kannst, wird die Flamme zur

rechten Zeit kommen und ihr Licht wird ihr ganzes Leben überstrahlen."

„Nun, das ist nicht immer leicht, Du kannst ein verrenktes Glied wieder einrenken oder eine Krankheit bessern, aber dabei soll der Kranke erfahren, daß er ein Geistwesen mit einem Körper ist und nicht ein Körper mit einem Geist, dann erst wirst Du ihm den größtmöglichen Dienst erweisen."

„Du mußt berücksichtigen, daß wir uns mehr mit dem Geist als mit dem Körper befassen. Wenn der Geist in Ordnung ist, dann wird auch der Körper in Ordnung kommen, aber wenn der Geist nicht in Ordnung ist, dann kann auch der Körper nicht in Ordnung sein."

„Ich möchte, daß Du dies einsiehst, weil dies eine Seite Deiner Arbeit ist, die Du nicht überblicken kannst. Die Anerkennung und die Dankbarkeit von jenen, die geheilt, gebessert oder erleichtert worden sind, ist nichts im Vergleich mit der Berührung der Seele und der Erlösung von ihrer ungeheuren Spannung. Und wir sehen von unserer Seite viele Fälle, in denen es geschieht, und das macht uns große Freude."

„Es ist keine leichte Aufgabe, mit der Du beauftragt bist, es erfordert große Opfer und Hingabe. Inmitten vieler Schwierigkeiten wird es vollbracht, und der Pfad ist nicht leicht."

„Aber der Weg des Pioniers ist niemals leicht; auch ist der Pfad jener, die in dieser Weise dienen, nicht frei von Hindernissen. Du darfst nichts anderes erwarten."

„Jedes Hindernis und jede Schwierigkeit ist ein Ansporn für Dich selbst, erhebe Dich darüber und laß das reine Gold des Geistes leuchten."

Wir fassen zusammen. Wir können jetzt besser in unser Inneres blicken. Wir leben nicht nur vom Essen und Schlafen, von Bewegung und von der allgemeinen Körperpflege, sondern auch von Einflüssen, von denen wir nichts Genaues wissen. Unser innerer Sinn oder unser Gemüt wenden sie in überlegter Weise an. Der Mensch in seiner Zusammensetzung verfügt im weiteren über die Fähigkeit, gemäß dem Wechsel seiner Umwelt Anderungen vorzunehmen. Die Entwicklung des Menschen ist abhängig von seiner Anpassung an veränderte Umstände.

Wenn ein Mensch unbedacht handelt, gerät der fein ausgeglichene Organismus in Unordnung.

Bevor er geheilt werden kann, muß das Gleichgewicht wieder hergestellt werden.

Der jeweilige Lebenszweck ergibt sich aus dem Zusammenwirken des 'geistigen Selbst' und des natürlichen Tagesbewußtseins. Aber der immer vorhandene Wunsch, Frieden zu suchen und sich gegen das Böse aufzulehnen, kommt vom überragenden Einfluß des Lebensgeistes.

5

Die erste Entwicklungsphase

Die Leute erzählten oder schrieben dem Autor oft, daß sie einem Kranken die Hände auf die empfindliche Stelle gelegt und dadurch Schmerz und Symptome aufgehört hätten. Dafür gibt es einige Beispiele. Diese Heilungsvorgänge haben sie so beeindruckt, daß sie nun fragen, wie man „heilen" lerne.

Heilen ist etwas Natürliches, und es ist klar, daß diese Leute sich zum Heilen eignen. Sie sind Heiler in einfacher, ungekünstelter Art. Sie brauchen keine weitere Technik zu erlernen.

Natürlich sind die Anfänger nicht zufrieden, auf so einfache Weise zu heilen. Sie möchten selbst etwas mehr dazu tun und begreifen nicht, daß es so einfach ist. Dies ist vielleicht für den Anfänger am schwersten, sich damit zu begnügen, den Kranken auf so einfache Weise zu heilen. Wir lehnen es ab, beim Heilungsversuch Schaustellungen und Zeremonien vorzunehmen. Diese Zugaben helfen nicht – sie hindern nur.

Jeder Heiler und jeder Anfänger sollte sich bei allem, was er tut, fragen: „Ist es notwendig? Entspricht es dem gesunden Menschenverstand? Gibt es dafür in der psychischen Wissenschaft eine Begründung?"

Der Autor hat diese fortschreitenden Fragen verfolgt. Das Ergebnis ist, daß er alle seine früheren Methoden ablehnt. Er erkennt, daß die Heilkunst einfach ist.

Jede Heilung ist ein geistiger Vorgang; Kräfte, die wir nicht kennen, sind dabei im Spiele. Deshalb fragen wir, was könnte eine Zeremonie auch zur Heilung beitragen?

Kein Mensch kann das Heilen *lernen*. Was wir tun können, und dies ist von größter Bedeutung, ist, uns zu üben, mit den Geistwesen eine Harmonie herzustellen und dadurch immer wirksamere Geistheiler zu werden. Die Heilkraft wirkt *durch* uns und ist nicht *von* uns.

Wir sollten jetzt in unserem Gemüt ein „Bild" von uns haben, wie wir wirklich sind, und daran denken, daß unsere Patienten von gleicher geistiger

Beschaffenheit sind. Wir müssen unseren Geist vorbereiten, um uns mit den Heilungsführern zu verbinden.

Der Anfänger kümmere sich zunächst nicht darum, wer die Heilungsführer sind, das wird er später erfahren.

Am besten ist es immer, das Gemüt so frei wie möglich zu halten.

In eine Kirche zu gehen oder sich einem gut geführten Heimzirkel anzuschließen, mag dienlich sein.

Der Anfänger sollte sich auf einen Platz zurückziehen, wo er ungestört und ruhig 20 oder 30 Minuten verweilen kann. Später noch länger. Zwei oder drei Mal wöchentlich genügen am Anfang.

Der angehende Heiler sollte es sich in aufrechter Haltung bequem machen. Ein bequemer Lehnstuhl ist für diesen Zweck am besten. Die Arme auf den Stuhllehnen und völlige körperliche Entspannung.

Das Licht gedämpft. Ein schwaches Licht schont die Augennerven und bewahrt die ruhige Stimmung. Dazu kann man blaues Licht verwenden. Hier ist rotes Licht abzulehnen, außer wenn der Betreffende es wünscht.

Wozu diese Vorkehrungen? Sie sollen den Geist vorbereiten, mit den Geistwesen in Verbindung zu kommen.

Das Wort „Konzentration" gebraucht man allgemein im Zusammenhang mit der psychischen Entwicklung. Das ist hier ein ganz verkehrtes Wort. Wir suchen nicht Konzentration, sondern Entspannung des Geistes. Man versuche jedoch nicht, sich gedankenleer „zu machen", es gelingt nicht. Geistige Anstrengung oder Konzentration können die Gedanken nicht verbannen.

Wir können uns aber beschaulich auf die Fühlungnahme mit der „Geistsphäre" einstellen, um Kranke zu heilen, Schmerzen und Leidensursachen zu beheben. Wir können unsere Phantasie mit diesen Ideen spielen lassen. Unsere Gedanken beschäftigen sich mit diesen Dingen und unser Geist-Selbst hilft uns dabei.

Man denke nicht zu lange daran, um Anspannung zu vermeiden. Denke an Schönes! Nimm Ferien in einem Garten der Schönheit! Treibe in einem Boot, entlang dem friedlichen Gestade! Versenke Dich in die Ideale „heiliger Schriften"!

Dies sind nur Vorschläge, aber sie weisen den Weg, uns vom Alltag zu lösen.

Wir haben ein Wachbewußtsein für den Alltag, aber auch ein Geist-Selbst, und dieses wollen wir auf eine höhere Stufe heben.

Zuerst fühlt man wahrscheinlich in sich keinen Unterschied. Es handelt sich um Trance oder um eine Geistwesenheit, die von uns Besitz ergreift. Bei der Sitzung solle man nie allein sein, sondern immer in einem gut geführten Zirkel unter Führung eines anerkannten Zirkelleiters.

Du meditierst und stellst Dich auf die Geistsphäre ein, ohne Geistwesen anziehen zu wollen.

Immer wenn Du meditierst, wende Dich zuerst an die Allmacht. Gebetsformeln nützen kaum, denn sie werden zu Rezitationen. Am besten sind Deine einfachen, ganz natürlichen Gedanken, so als ob Du mit Gott sprächest. Vermeide hochtönende und unnatürliche Phrasen; z.B. es ist viel besser, Du bittest um Hilfe für diesen Abend als für diese „Abendzeit". Lege in Deine Gedanken, daß Du „IHM" in allem, was gut und vollkommen ist, dienen willst. Entferne Unharmonisches und Böses aus Körper und Geist. Bitte, daß „Seine Engel" Dich führen und schützen und vertraue darauf, daß nur gute Einflüsse wirken.

Fürchte Dich nicht! Wenn Du ängstlich bist, dann übe nie allein.

Du mußt Dich körperlich und geistig wohl fühlen, und wenn Du dann die Einstellung erreicht hast, denke an einen Verwandten oder Freund, der Hilfe braucht. Du kennst wahrscheinlich seine Krankheit nicht. Stelle Dir den Patienten vor, denke weiter an ihn, wo er ist, und an seine Krankheit.

Tue es, als wenn Du es jemandem, der „in Dir lauscht", erzähltest. Mache es einfach und natürlich. Spanne die Lage nicht an. Versuche die geistige Vorstellung nach außen zu spiegeln, indem Du Dich mit dem Geistwesen verbindest. Weil Dein Geist der Geistsphäre geöffnet ist, so empfangen es die mit Dir Verbundenen.

Laß Deine Bitte nachfolgen, sanft und natürlich an jene, die „in Dir lauschen", damit sie Schmerz, Starrheit, Überanspannung oder was immer es auch sei, „wegnehmen", um Linderung und Wohlbefinden wiederherzustellen. Diese Gedanken seien wirkungsvoll und zielgerichtet. Zum Beispiel, wenn der Patient einen schmerzenden Arm hat, dann denke, daß der Schmerz aus dem Arm genommen werde. Versuche zuerst nicht zu viel und auch nicht zu lange. Einige Minuten genügen.

Nach dieser Fürbitte entspanne Dich! Summe eine Hymne oder eine Melodie, die Dir gerade einfällt, wenn Du mit der Meditation beginnst. Laß Deine Seele mit dem Rhythmus der Melodie schwingen und meditiere über Frieden und Glück. Geistig stelle Dir eine liebliche Landschaft vor, mit Wasser, Bäumen und Hügeln usw. und freue Dich darüber! Du kannst auch an Deine Lieblingsblumen denken, vergegenwärtige Dir Form, Blumen, Blätter, Farbe und Duft! Stelle Dir vor, Du treibest in einem Boot einen friedlichen Fluß hinunter und schauest Dir die immer wechselnden Ufer an! Stelle Dir vor, wie Du der Menschheit durch Heilen oder sonstwie helfen wollest. Anmut, Schönheit und Tugend sollen Dir dabei Kraft geben.

Es gibt einen Geistzustand, den man als „Tag-Traum" bezeichnet, wenn die Gedanken dahinwandern und alles andere vergessen wird. Dahin kommt der Mensch, während er meditiert.

Man kann nicht sagen, wie lange eine Sitzung dauern soll. Zuerst kommen einem die Minuten lang vor, aber in späteren Sitzungen ist die aufgewendete Zeit ein reines Vergnügen und sie vergeht schnell, und man freut sich darauf.

Wir empfehlen keine bestimmte Zeit für die Sitzungen. Mach' sie, wenn Du die Tagesarbeit ruhig beendet hast. Übereile sie nicht, sondern sorge lieber dafür, daß sie gut durchgeführt werden. Wenn Du den Wunsch fühlst, Dich mit den spirituellen Wesenheiten zu verbinden, dann ist die Zeit dafür da.

„Pünktlichkeit" sieht man oft als wünschenswert an, und sie ist natürlich notwendig, wenn man einem Schulungszirkel angehört, denn Nachzügler sollen die begonnene Zirkelarbeit nicht unterbrechen. Aber in der allgemeinen Schulungspraxis sind keine festgesetzten Zeiten notwendig. Die Geistwesen sind nicht an Minuten gebunden, sie sind immer da, wenn wir sie rufen. Es ist bei weitem besser, sich für eine Sitzung vorzubereiten, ohne unruhig und gehetzt zu sein. Man bereite sich am besten ruhig mit glücklichen Gedanken vor.

Man kann dafürhalten, daß die Nacht dafür die einzige Zeit sei. Das ist nicht so. Bei vielen Leuten, die während des Tages beschäftigt sind, eignet sich der Abend am besten, wenn das Tagewerk vollbracht ist und Frieden und Entspannung da sind.

Wer zu anderen Tageszeiten abkommen kann, für den ist jeder Zeitpunkt geeignet, so lange er es wünscht. Wenn Du spazieren gehst und alles ist ruhig, dann wende Deine Gedanken geistigen Dingen zu.

Eine andere innere Haltung kann noch mit dem Leben verbunden werden: „Nach den Gesetzen wahrer Werte zu leben", niemandem Leid zufügen, immer dienen zu wollen, in allen Dingen duldsam zu sein und Dich nicht durch Temperament oder Arger zu einer Tat hinreißen zu lassen, die Du dann bereust. Wenn Du ein unerfreuliches Ereignis recht betrachtest, siehst Du wie bedeutungslos es ist, nicht wert einer Verstimmung.

Hilf Deinen Nachbarn in jeder Weise, steh' besonders jenen bei, die krank sind oder einen Irrtum begangen haben und eines Trostes oder eines Gefallens bedürfen. Wenn Du während des Tages einen Leidenden siehst, denke an ihn und bitte später in der Ruhe für ihn um Hilfe.

Diesen Weg ging der Autor, nur um mit einem Freund einen Versuch zu machen, denn dieser litt an galoppierender Schwindsucht mit Blutungen und Brustfellentzündung. Zu seinem Erstaunen hörte nach 24 Stunden die Blutung auf, die Brustfellentzündung heilte aus und die Temperatur wurde wieder normal. Bald war er vollständig gesund.

Dies sind einige Grundregeln, auf denen die Fernheilung beruht. Du kannst Dir oder dem Patienten keine Heilerfolge versprechen. Doch mag es sein, daß schon von den ersten Tagen Deiner Fürbitte an Leidende sich weit schneller erholen als erwartet. Dann hat Deine Heilung begonnen.

Einige Leute können schneller als andere die Geist-Verbindung herstellen. Wie lange die Schulung dauern soll, kann man nicht voraussagen. Es ist bei jedem anders. Die Schulung hört nie auf, nicht einmal bei den feinfühligsten Anfängern. Man sieht jedoch, daß bei weiterer Durchführung der Übungen die harmonische Einstellung leichter wird, und nach und nach kann sie zur zweiten Natur werden. Dadurch kann der Heiler Geistwesen zu Hilfe rufen, so als ob er mit einem Freund sprechen wollte, oder noch leichter.

Wenn der angehende Heiler seinen Geistführer kennt, dann wird er schon zu Beginn der Sitzung an diesen denken. Er kann sich den Führer vorstellen, wie er ihn kennt. Hat sich der Heller auf den Führer harmonisch eingestellt, dann richtet er den Leitgedanken auf den Kranken. Dies geschehe so frei und natürlich, als ob der Heiler mit ihm in geistiger Unterhaltung wäre.

Wer seinen Führer nicht kennt, sollte es sich nicht zu Herzen nehmen. Er sei eingedenk, daß „jemand" da ist und die inneren Gedanken empfängt. Denke immer mit höchstem Vertrauen daran! Das führt Dich weiter, denn sobald Du Dein Geist-Selbst einsetzt, können die Geistführer hinein-lauschen.

Fange garnicht an, wenn Du nicht selbst heilen möchtest. Das muß aus Deinem Geist-Selbst kommen. Es ist ein Wunsch aus dem Geistigen, wenn Du Dich dafür hinsetztest; dann habe vollstes Vertrauen, daß Deine Mentoren Dich erwarten, um Deinen Wunsch zu erfüllen. Es kann sein, daß sie Dir den Wunsch zu heilen eingegeben haben und schon mit Dir in Berührung stehen.

So bereitest Du Dich für die harmonische Einstellung vor. Es sind die ersten Schritte für Deine Schulung zum Heiler. Beeile Dich nicht – eine langsame aber sichere Entwicklung ist besser als eine schnelle. Die dafür notwendige Zeit wird Dir nie leid tun. Du wirst dadurch heiter und glücklich. Ist die Heilungsgabe entwickelt, bist Du ein Werkzeug des Geistes, um Kranke zu heilen. Diese göttliche Gabe kann man nicht mit materiellen Maßstäben messen.

6

Fernheilung

Im vorhergehenden Kapitel baten wir den Heilungsschüler, auf die Genesungsanzeichen zu achen. Nun wenden wir uns der wunderbaren Fernheilung zu.

So sehr man auch über die anderen Arten der Geistheilung staunt, so werden sie durch die Fernheilung noch übertroffen. Bei der Kontaktheilung verbindet der Heiler den Patienten mit den Geistführern. Aber bei der Fernheilung stellen nur seine Gedanken die Verbindung her.

Kurz gesagt, die Fernheilung wird von dem Heiler auf einen fernen Menschen, den er meistens nie gesehen hat, geleitet, wenn auch der Patient am anderen Ende der Welt ist; die Entfernung spielt keine Rolle.

Hier spielt etwas Neues mit; dadurch wird der Einwand zerstreut, daß die Geistheilung aus der Willenskraft komme oder eine Glaubensheilung sei.

Wenn ein Verwandter oder Freund Hilfe für einen Patienten anfordert, so tritt eine dritte Stelle auf. Diese dritte Stelle muß eingreifen, wenn der Patient nicht mehr schreiben kann oder weil er von seinem Leiden nichts wissen darf, weil ihm die Geistheilung unbekannt ist, oder er und seine Familie alles ablehnen, was mit Spiritualismus zu tun hat. (Dies bezieht sich auf den Katholizismus und auf die Atheisten.)

Unter diesen Umständen gibt es zwischen dem Heiler und dem Patienten keinen unmittelbaren Kontakt. Ähnliches ergibt sich, wenn Kinder oder geistig Gestörte Hilfe brauchen. In solchen Fällen weiß der Patient nicht, was vorgeht, und ein Erfolg kommt zweifellos nicht vom Willen, sondern von einer psychologischen oder Glaubens-Heilung.

Wie bei anderen Formen der Geistheilung gibt es keinen festgesetzten Vorgang für Fernheilung. Die Bitte darum kann entweder mündlich oder schriftlich gemacht werden. Wenn der Heiler die Bitte erhält, sendet er unmittelbar seine Gedankenkraft aus, damit dem Patienten geholfen werde. Er sendet diese Gedanken aus, wenn er sich allein oder mit Freunden in der

Stille zurückziehen kann. Dann schaltet er alles Weltliche ab und stellt sich auf das Geistige oder seinen Führer ein. Die Leichtigkeit, mit der sich der Heiler einstellen kann oder sich seinen Geistführern übergibt, und seine Eignung überhaupt, hängen von seiner seelischen Entwicklung oder seiner natürlichen Veranlagung ab.

Der Heiler muß ganz sicher sein, daß durch seine geistige Leitung die Geistführer den Heilungsanruf für den Patienten empfangen.

Fernheilung ist eine natürliche Gabe, und es ist schon gesagt worden, daß die meisten Menschen diese mehr oder weniger besitzen. Aber der erfolgreiche Heiler hat sich vorbereitet, durch die psychischen Kräfte zu heilen; er richtet sein Leben nach geistigen Werten und nicht nach materiellen Gesichtspunkten aus.

Schreitet der Heiler in seinem Wirken fort, dann wird die Verbindung leichter und ihm zur zweiten Natur.

Alle Krankheiten können durch die Fernheilung geheilt oder erleichtert werden.

Wir können jetzt nicht aufzählen, wie dies im einzelnen ausgeführt wird, aber wir wissen, daß es wirkliche Wohltaten sind.

Aber wir können versuchen, es besser zu verstehen, wenn wir auf das Grundsätzliche zurückkommen.

Wir erwähnten schon: es gibt ein besonderes Verfahren für die gesetzmäßigen Kräfte, um sie für den besonderen Fall einzusetzen.

Zunächst wirkt die Gedankenkraft des Patienten (oder einer dritten Person), wenn Hilfe angefordert wird.

Man bittet also um wirksame Hilfe; und das Geist-Selbst und die geistige Welt nehmen es wahr.

Dann beginnt der Heiler zu wirken. Er ist jetzt im Bilde über die Bitte.

Dies sind die ersten Gesichtspunkte.

Nun tritt der geistige Heilungsführer in Tätigkeit. Das kann sein, wenn der Heiler die Bitte liest oder darüber meditiert. Das letztere ist am wahrscheinlichsten.

Wenn es je geschieht, müssen für den Heilungsführer günstige Bedingungen herrschen, damit er die Bitte für den Beistand empfangen kann. Man wähle die Zeit für Aufnahme und Weiterleitung, in der zwischen den Geistkörpern des Heilers und des Führers Harmonie herrscht. Zwischen dem Geistführer und dem Patienten Verbindung herzustellen, scheint schwerer, als es ist. Wahrscheinlich ist sie das leichteste Problem. Da das Geist-Selbst des Heilers ohne Schwierigkeit in einem Augenblick den Patienten erreichen kann (beachte in einem späteren Kapitel den Hinweis über „Geistreisen"), erreichen die Geistführer den Patienten um so eher. Die Geistwesen kennen sich in ihrer Sphäre besser aus als die Londoner im System der Untergrundbahn. Darauf beschäftigt sich der Heilungsführer mit dem Leiden des Patienten.

Wir stellen fest, daß bis zu diesem Punkt die Angaben auf psychische Erfahrungen gegründet sind, aber von hier können wir nicht recht weiterkommen, ausgenommen von einigen Verallgemeinerungen.

Wir können aus dem Vorhergehenden entnehmen, daß es für den Heilungsführer die Hauptsache ist, durch den Geistkörper des Patienten wirken zu können. Es kann sein, daß dieser Körper so verdreht und außer Harmonie mit seinem physischen Gegenstück geraten ist oder umgekehrt, daß eine wirksame Heilung nicht möglich ist. Es kann auch sein, daß einige der physischen Körper auf den Heilungsvorgang nicht ansprechen und daher der Geistkörper des Patienten für den geistigen Heilungsvorgang auch nicht empfänglich ist.

Aber bei normaler Empfangsbereitschaft oder Harmonie zwischen dem Geistkörper des Patienten und dem geistigen Heilungsvorgang kann eine spirituelle Heilung helfen.

Der Geistheiler stellt zuerst die Diagnose für das Leiden gemäß seiner Erkenntnis; und da gibt es einen großen Unterschied zwischen den Methoden der irdischen und geistigen Doktoren. Die Heilungsberichte und die Erläuterungen der Führer heben hervor, daß man zuerst die Ursache der Krankheiten zu beseitigen habe und nachher erst die Symptome.

Um die Aufgabe der Führer richtig einschätzen zu können, müssen wir zuerst die Ursachen des Leidens kennen. Diese sind zweifach. Als erstes diejenigen rein physischen Ursprungs wie ein gebrochenes Bein oder eine Brandwunde; zweitens, jene geistigen Ursprungs wie Geistesstörung; oder beide zusammen. Wir sind noch nicht so weit vorgeschritten, um alle Leiden genau unter diese beiden Rubriken einordnen zu können.

Der Leser beachte, daß Krankheiten in Verbindung mit dem Gemüt, neurotische Leiden und Krankheiten, verursacht durch Aufregungen, ins Geistige gehören. So gelangen wir dahin, wo die Heilungsführer zuerst die Ursachen der Krankheit feststellen. Sie können wahrscheinlich viel klarer unsere geistige Seite sehen als die irdischen Doktoren unsere physische Seite.

Wir sagen nochmals: Geistkörper und physischer Körper sind aufeinander harmonisch abgestimmt. Disharmonien in dem einen spiegeln sich im anderen wieder. Infolgedessen stellen die Führer eine Diagnose viel leichter, denn sie sehen über den Geistkörper, ob die Ursache körperlich oder geistig oder beides ist.

Wenn die Diagnose feststeht, dann kommt der Übergang zur Behandlung, die wir jetzt nur allgemein mit den Worten „Heilstrahlen oder kosmische Kräfte" bezeichnen können. Bei der persönlichen oder Kontaktheilung ist gezeigt worden, daß der Heiler die Strahlen oder Kräfte zur Behebung körperlicher Beschwerden leitet.

Bei der Fernheilung gibt es kein solches Instrument. Deshalb nehmen wir an, daß die Geistheiler über den Geistkörper und den Äther-Körper dem physischen Körper des Patienten helfen.

Da eine rein körperliche Störung sich im Geistkörper wiederspiegelt, beseitigt ihr Verschwinden durch medizinische Behandlung die Störungen auch aus dem Geistkörper. Umgekehrt, da die Geistführer eine Disharmonie des Geistkörpers auflösen können, entfernen sie sie aus dem physischen Körper.

Dessen ungeachtet, haben wir allen Grund zu glauben, daß die Geistheiler manchmal den physischen Körper direkt heilen können. Ist die Störung ein Tumor oder ein anderes Leiden, das aufgelöst werden muß, beheben es die Geistkräfte direkt.

Bei der Kontaktheilung verschwinden die Gewächse und auch bei der Fernheilung gibt es viele Zeugnisse für solche Heilungen, die manchmal sehr schnell, manchmal nur langsam vor sich gehen.

Bei der Fernheilung und auch bei allen anderen Arten der Geistheilung muß der Heiler die Auffassung vermeiden, daß der Zufall mitspielen könne. In diesen Fehler kann jeder Heiler verfallen, der viel in Anspruch genommen wird. Man hat die Bedeutung der Gedankenkraft überschätzt und dabei oft die Sache als begründet angesehen.

Dieses Spiel des Zufalls kommt vielleicht am häufigsten vor, so sonderbar es klingen mag – wenn Spiritualisten und Heiler für sich selbst um Hilfe bitten. Sie erwarten die geistige Hilfe als selbstverständlich. Ein sich ausbildender oder praktischer Heiler nimmt an, daß die Geistführer ihm so nahe seien, daß sie alle Beschwerden sofort bemerken und sie von selbst in Ordnung brächten. Diese Meinung tritt auch bei den nahen Freunden oder Verwandten des Heilers auf. Man bildet sich ein, daß die Führer aus eigenem Antrieb selbstverständlich alle Krankheiten besserten usw.

Dem Autor sind viele solche Fälle begegnet. Bei *Arnold Clare* finden wir ein bemerkenswertes Beispiel. Frau Clare war ernstlich krank und dies wurde immer schlimmer. Als man den Füher gelegentlich fragte, weshalb augenscheinlich nichts getan worden sei, erwiderte er: „Man hat uns nicht gebeten." Als Herr Clare in dieser Nacht in Trance war, bat man um Hilfe und ein offenbares Wunder geschah. Innerhalb der nächsten Stunde wurde sie geheilt. Frau Clare konnte am nächsten Morgen aufstehen und den Londoner Hospital-Spezialisten begrüßen. Der Arzt war extra zum Landhospital gekommen und wollte sie in Gips legen.

Oft hat man gesehen, daß dort, wo man sich dem Spiel des Zufalls überläßt, eine Heilung selten eintritt.

Jede menschliche Erfahrung, Eindruck, Wunsch, Befriedigung, Enttäuschung beruht auf einer geistigen Wertung; so ist es auch beim Sehen, bei Gefühl, Geschmack, Geruch, Gehör; so ist es auch beim Schmerz, der nicht im verletzten Glied, sondern im Bewußtsein empfunden wird.

Es sei uns eine Warnung, die Gedankentätigkeit, metaphysisch gesehen, als eine nicht folgerichtige Angelegenheit zu betrachten. Wir haben gerade gesagt, daß jede menschliche Erfahrung eine gedankliche Erwägung sei. Daher ist es logisch, daß der Geist-Heilungsführer dieselbe Gedankenkraft benutzen kann, um eine Disharmonie zu beeinflussen und zu beheben.

Geistige Studien haben den Menschen befähigt, Kräfte mechanisch anzuwenden. Die vorhergehende Generation hat es nicht gekonnt. Wer kann bei so vielen Beweisen noch leugnen, daß nicht inkarnierte Intelligenzen mit anderen Naturkräften arbeiten? Es wäre ebenso abwegig, die kosmischen Heilungskräfte zu leugnen, wie es für einen Wissenschaftler früherer Zeiten verkehrt gewesen wäre, die Elektrizität zu leugnen.

Wie das Spiel des „Zufalls" zum Irrtum führt, ist schon erwähnt. Dazu kommt der Grundsatz, daß sich der Heiler auf keine rituellen Handlungen einlassen soll, denn dafür ist kein Grund da. Ahmen wir diese Dinge nicht nach.

Früher machten viele Heiler die Fürbitte zu einer festgesetzten Tageszeit und auch der Patient sollte sich mit dem Heiler zu der selben Zeit „verbinden". Dies war nur in seltenen Fällen begründet.

Der Heiler ist vielleicht selbst nicht in der rechten Verfassung für einen Patienten zu einer festgesetzten Tageszeit, Fürbitte zu leisten, und es wäre etwas Ungewöhnliches, wenn Heiler und Patient jeden Tag in der bestimmten Minute oder den Minuten übereinstimmten.

Denken wir daran, wie wesentlich es ist, daß wir, um uns mit unseren Geistfreunden zu verbinden, uns geistig nicht anspannen dürfen und unseren Willen ihnen unterordnen müssen. Mit anderen Worten, die Geistmächte und der Heiler müssen völlig übereinstimmen. Man vereinbarte früher eine Zeit, damit der Patient, wenn der Heiler für ihn Fürbitte leiste, in einem ruhigen, empfangsbereiten Gemütszustand sei.

Der Anfänger merkt, wie schwer es ist, diese Einstellung zu erreichen. Die meisten Menschen brauchen eine lange Entwicklungszeit, um sich zu üben, mit dem geistigen Reich im Einklang zu kommen. Was kann da der bedrückte Mensch hoffen?

Was geschieht im Durchschnitt? Heiler und Patienten müssen ihre häuslichen Angelegenheiten so einrichten, daß sie zu der vereinbarten Zeit bereit sind. Der Patient kann von seiner Krankheit durch Schmerzen, durch körperliche oder geistige Anspannungen gestört sein. Er erwartet Erleichterung und betet. Der Patient soll ja in einen empfangsbereiten Zustand kommen, er ist aber in der ungeeignetsten Verfassung, die notwendige Ruhe zu erlangen.

Wir wissen, daß während des Schlafens die meisten Heilungen vorkommen. Die Patienten schreiben oft, daß sie beim Erwachen die Geistheiler, die heilenden Lichtstrahlen und die Behandlung bemerken. So benutzen die Geistheiler während des Schlafes die Gelegenheit, um ihre Arbeit zu tun.

Wir folgern daher, daß eine Zeitvereinbarung meistens das Gegenteil bewirkt.

Es mag dienlich sein, die Methode des Autors für Fernheilung gemeinsam mit Mr. und Mrs. George Burton bekannt zu geben:

a) Es werden keine Zeitvereinbarungen getroffen.

b) Der Heiler darf sich ebenfalls für die Fürbitte keine Zeit festsetzen, aber er soll eher den frühen Morgen oder den späten Abend wählen, wenn er mit der Tagesbeschäftigung fertig ist.

Die Fürbitte beginnt gegen Mitternacht und wird fortgesetzt bis sie fertig ist. Man darf ja annehmen, daß die Patienten schlafen und ihr Geist ruht.

An Stelle der allgemein üblichen Fürbitte in eine Vielzahl von Patienten wird eine richtungweisende Fürbitte gegeben und zwar besonders für die bekannten Störungen jedes einzelnen Falles.

Diese Störungen kennt man

1.) aus wöchentlichen Berichten der Patienten

2.) durch die Geistheiler.

Um den guten Willen des Patienten zu unterstützen, machen wir es zur Regel, daß er wöchentlich berichtet.

Wir weichen von dieser Regel ab, wenn man um Hilfe für einen fernen, im Institut oder im Ausland usw. wohnenden Menschen bittet. Der Heiler beantwortet jeden Brief.

Durch diese Maßnahmen wird jeder Patient ein besonderer Fall, bei dem der wöchentliche Fortschritt der Heilung beobachtet werden kann.

Freundschaft und Vertrauen entstehen zwischen Patienten und Heiler.

Diese Praxis hat andere Vorteile. Der Heiler kann mehr der Methode der Geistheilung für die verschiedenen Arten der Krankheiten erfahren, und er sieht, wie die Genesung vorwärts schreitet.

Dann erfährt der Heiler vom Geistführer, wie die Heilung verlaufen wird, und er kann es dem Patienten erzählen.

Wir sagten schon, daß man nichts dem Spiel des Zufalls überlassen sollte.

Wir sahen immer, daß richtungweisende Heilbehandlung die Krankheit in einigen Tagen besserte. So hat der Heiler von jedem Fall ein vollständiges geistiges Bild. Wichtig ist die Genauigkeit dieses Bildes. Die Krankheitsgeschichte kommt zustande, indem man die Fortschritte und Symptome genau beobachtet. Während der Fürbitte denkt der Heiler an den bisherigen Verlauf und übermittelt dies den Geistheilern.

Muß der Heiler über die Fortschritte, erreichte oder nicht erreichte, Auskunft bekommen, um sie dem Führer weiterzugeben? Weiß das der Heilungsführer nicht selbst? Die Antwort ist: Die Heilungen finden meistens im Geist-Selbst statt, deshalb kann der Heilungsführer sie nicht im Körper erkennen. Für einen Geist ist es schwierig, die Wirkung auf den Körper zu „beobachten", so wie es für den Menschen schwierig ist, die Vorgänge im geistigen Reich zu sehen. Bei dem Führer eines medialen Heilers ist es anders; ein solcher Führer kann durch den dauernden Gebrauch von Geist und Körper die körperlichen Reaktionen beobachten. Diese Verbindung besteht nicht zwischen Geistheiler und Patienten; bei Fernheilung gibt es keinen solchen inneren Kontakt.

Daher ist es für den Heiler nützlich, den Geistwesen alles, was er über den Patienten weiß, zu sagen.

Während der Fürbitte gibt der Geistführer oft dem Heiler den Heilungsverlauf und die Ursache des Leidens bekannt. Diese Diagnosen findet man immer zutreffend.

Das Zufallsspiel muß ausgeschlossen werden, deswegen vermeide der Heiler während der Fürbitte jede Überanspannung. Diese Bitte sei natürlich und ruhig und nicht übermäßig lang. Denken wir daran, daß die Geistwesen mit dem Heiler ganz in Harmonie sein können, daher brauchen sie nicht lange, um den Zweck der Fürbitte zu kennen.

Wenn man bei Fernheilung in Stille und Abgeschlossenheit und ohne Furcht vor Unterbrechung betet, kann der Heiler sich tiefer einschalten. Unter dieser Bedingung erfahren die Heiler die Astral-Projektion. Dieses Wort ist nicht gut gewählt; sicherlich würde die bessere Beschreibung „Geist-Projektion" oder „Geist-Reisen" sein.

Was sich hier ereignet, ist folgendes:

Der Heiler hat sich mit seinen Geist-Mentoren verbunden, seine Augen sind geschlossen und sein inneres Selbst ist nur darauf gerichtet, Hilfe zu erbitten. Z.B. Herr X aus Bradford leidet an Zwölffingerdarmgeschwüren. Da das innere Selbst des Heilers sich darauf einstellt, so hat er eine Vision des Zimmers mit Herrn X. Sie ist so lebendig da, als wenn der Heiler tatsächlich im Zimmer wäre.

Das Bild war nur einen Augenblick zu sehen oder höchstens einige Sekunden. Die Vision ist so lebhaft und eindurcksvoll, daß jede Einzelheit, die Farben des Zimmers, die Einrichtung und die Fenster, Vorhänge, etc. leicht zu erinnern sind und auch der Patient, den, wie gesagt, der Heiler nie gesehen hat.

Wollten wir normalerweise uns solch ein Bild einprägen, bräuchte man selbst, wenn man daran gewöhnt wäre, ziemlich lange, um jede Einzelheit zu erfassen und alles zu behalten.

Beim geistigen Reisen ist das Bild real und lebendig und so eindrucksvoll, daß es im Heiler lebt und er jede Einzelheit mühelos in sein Gedächtnis zurückrufen kann.

Der Autor hat oft nach solchen Visionen an die daran Beteiligten geschrieben, dabei gab er genaue Beschreibungen des Patienten und seiner Umgebung zu dieser Zeit, und dies ist ihm immer vollbestätigt worden.

Einst kamen aus dem Norden Englands ein Mann und eine Frau, die um Hilfe baten. Während der Heiler die Dame behandelte, bat der Gatte für seinen jungen Sohn daheim um Fernheilung. Der Heiler war eingeschaltet, als die Bitte gemacht worden war. Er machte eine Geistreise zu dem Heim des Mannes. Er konnte sofort dem Vater nicht nur das Wohnzimmer und seine Einrichtung, seinen Sohn, sein Alter und das Spielzeug, womit er gerade spielte, beschreiben, sondern auch die Nachbarin, die man gerade gerufen hatte, um nach dem Knaben zu sehen. Alles war bis ins Letzte vollständig und richtig.

Wie kann man das erklären? Wir haben gesagt, der Mensch hat zwei Wesenheiten: davon ist der Geistkörper mit dem Geist oder der höhere Mensch die wirkende Kraft für die Geistheilung.

Der Geist befaßt sich zunächst nicht mit den Sinneseindrücken, Lauten, Berührungen usw. Sie sind für ihn nur untergeordnet. Die Hauptfunktion des Geistes ist es, als richtungweisende Gedankenkraft tätig zu sein. Bei schöpferischer Gedankentätigkeit tritt dies zutage. Der Geist ist auch der Speicher der menschlichen Erfahrungen und die Antriebskraft seiner Handlungen. Er spiegelt den Charakter, und was das Wichtigste ist, den Geistkörper.

Schaltet der Heiler sich ein, dann denkt er nicht mehr an den Alltag, sondern nur noch an die Heilung. Dann wird das Geist-Selbst für die Reisen frei, um zum Patienten und seiner Umgebung zu gelangen.

Geistreisen kann vielleicht nicht jeder machen. Wenn sie dem Anfänger nicht gelingen, soll er sich nichts daraus machen.

Die Aufnahmebereitschaft, die der Geist für diese Reise braucht, ergibt sich ganz natürlich aus der hingebenden Fürbitte. Man kann sie nicht erzwingen; sie kommt aus der harmonischen Einstellung.

Dies zeigt uns wieder, was man für die Fernheilung vor allem braucht, Entspannung, völlige Ruhe, so daß die Gedanken so ruhig, sanft und natürlich wie möglich fließen. Der Anfänger versuche mit seinen Geistwesen heimisch zu werden, wie mit guten Freunden. Wenn diese geistige Freundschaft wirklich ist, kann er sich auf viele Stunden freuen, in denen er Leiden lindern darf.

7

Die zweite Entwicklungsphase

Wir wiederholen, es gibt keinen Hinweis darauf, wie lange die Entwicklung dauert, wie schon im Kapitel 5 gesagt. Viel hängt vom Menschen selbst ab. Vielleicht empfängt er bei Besuch einer Kirche oder eines Heimzirkels hilfreiche Belehrungen aus der Geistsphäre, dadurch wird seine Entwicklung beschleunigt. Aber auch dies ist verschieden; manche nehmen lange an gut geführten Entwicklungszirkeln teil, ohne psychische Wahrnehmungen zu machen.

Wenn der Anfänger einen solchen Zirkel nicht besuchen kann und nur auf dieses Buch angewiesen ist, so ist die Ausbildungszeit immer unbestimmt. Es gibt Ausnahmen z.B. wenn jemand die Geistwesen gleich bemerkt oder davon unabhängig die Fortschritte der Geistheilung erkennt.

Wenn der Anfänger sich daran gewöhnt hat, in die Stille zu gehen und sich ganz zu entspannen, (dies wird nach wenigen Sitzungen erreicht) gehe er weiter vor.

Er beginnt mit rhythmischen Atemübungen, ruhig sitzend, wie vorher beschrieben, und wenn er inneren Frieden erreicht hat, fängt er mit bewußten Atmungsübungen an.

Wir wiesen schon darauf hin, daß wir von kosmischen Kräften umgeben sind, die für unser Wohl wirken. Wir können sie unmittelbar aufnehmen. Um dies erfolgreich zu gestalten, muß man sicher sein, daß sie da sind, und wir sie voll in Anspruch nehmen können.

Wenn wir eine Landreise machen oder an die See gehen, ist es üblich, die Lungen zu öffnen, um die frische Luft oder den Ozon tief einzuatmen. Wenn man dies getan hat, fühlt man sich erfrischt und belebt, als hätte man neue Kräfte aufgenommen. Dies ist etwas Ähnliches wie das, was wir jetzt in unserer Entwicklung suchen.

Der Übende atme langsam durch die Nase, fülle die Lungen, aber nicht zu sehr. Dann atme er ebenso langsam aus, entleere aber die Lunge völlig.

Es genügt, wenn man dies zuerst drei oder vier Mal macht. Im Verlauf der Zeit kann diese Übung verlängert werden.

Wenn man einatmet, sei man sich dessen bewußt, daß man Lebenskräfte aufnimmt, die den Körper reinigen und kräftigen. Wenn man ausatmet, muß man wissen, daß der Atem Schlacken abgibt.

Für sein inneres Gleichgewicht nimmt der normale gesunde Körper eine Mischung von kosmischen Strahlen auf. Wenn man nun Luft und Äther bewußt einatmet, kann man sich stärken und beleben.

Diese Übung braucht nicht zeitlich beschränkt zu sein, wenn der Betreffende sich seiner Fortbildung widmet.

Man kann sie jederzeit ausführen, besonders, wenn der Heiler einen Spaziergang macht oder in der Nähe von Bäumen, Gebüsch oder Wasser etc. ist.

Im Zusammenhang damit hat der Autor gefunden, daß er Kraft und Vitalität von den Bäumen empfange; geschieht dies bewußt, nimmt er Kraft und Leben von ihnen auch wirklich auf. Was es auch immer sein mag, wir erkennen, daß diese Kräfte für uns da sind.

Machen wir diese Übungen, werden wir leicht und heiter; wenn wir uns auf diese Weise wiederbeleben, fühlen wir uns auf der Höhe des Lebens.

Das einfache Tiefatmen ist eine gute körperliche Übung, aber wenn wir den Atem mit dem Wissen der natürlichen Kräfte verbinden, erreichen wir um so mehr Gutes.

Die Übung ist um so mehr wert für die Ausbildung, als der Heiler nicht nur seinen Körper in Vollkommenheit erhält und in seinem Äther-Leib die erforderlichen Energien aufnimmt, sondern auch seinen inneren – oder Geistkörper in Tätigkeit setzt, so daß eine bessere Harmonie zwischen dem physischen und geistigen Körper erreicht wird; das ist äußerst günstig für die Einstellung auf das Geistige.

8

Die Heilungsführer

Wie schon erwähnt, gibt es zwei Hauptmethoden der Kontaktheilung. Die erste geschieht im Trancezustande des Heilers durch den Geistheiler. Die zweite durch die natürliche Anwendung der Heilgabe. Alles bisher beschriebene gehört zur zweiten Methode, und zu dieser raten wir dem Anfänger, um seine Begabung zu entwickeln.

Viel Gutes geschah schon durch Tranceheilung, und wenn der Leser sich dafür entscheidet, empfehlen wir ihm, sich einer Kirche oder einem Privatzirkel anzuschließen, in dem gute Medien wirken. Es wäre unklug, sich ganz allein zum Trance-Medium ausbilden zu wollen, es ist unbedingt zu vermeiden.

Als der Autor fand, daß er die Gabe habe, auf natürliche Weise zu heilen, wünschte er, sie zu vervollkommnen. Er folgte dabei der Praxis der anderen; auf diese Art entwickelte er die Trance-Heilung. Gewiß hat er dadurch viel erreicht, denn er überzeugte sich davon, daß tatsächlich Geistheiler durch ihn wirkten. Später aber fand er es für angezeigt, die Tranceheilung ebenso wie die meisten anderen gebräuchlichen Methoden aufzugeben.

Es ist verständlich, daß der angehende Heiler den Wunsch hat, selber dessen gewiß zu sein, daß geistige Heiler mit ihm zusammenarbeiten; wenn er sich nun mit diesem Wissen als Grundlage der Geistheilung zufrieden gibt, können wir ihm versichern, daß er seine Heilbegabung in reinerer und natürlicherer Weise entwickeln wird als durch Trance-Heilung.

Im Jahre 1947 nahmen Mrs. und Mr. Burton ihre Gemeinschaftsarbeit mit dem Autor auf. Beide waren innerlich sehr bemüht, den Kranken zu helfen. Bis zu dieser Zeit hatten sie nur einen Privatzirkel geleitet mit Zuziehung eines Mediums zur Heilung von Freunden. Es fehlte eine ausgebildete Kontrolle für den Trancezustand.

Bald entwickelte sich zwischen ihnen und dem Autor ein harmonisches Verhältnis, und deshalb bat er sie, sich mit ihm in der Heiltätigkeit zu vereinigen. Sie willigten ein und haben die in diesem Buch beschriebene Entwicklungsmethode befolgt. Wirklich konnten sie in kurzer Zeit bei der Fern-und persönlichen Heilung mit dem Autor zusammenarbeiten. Auch konnten sie bei chronischen Fällen Erleichterung schaffen und blockierte Gelenke etc. wieder lockern. Ihre Fähigkeit als Heilungsinstrumente nahm für allgemeines Heilen ständig zu und besonders Frau Burton konnte bei Erkrankungen der Sinne und des Gemüts helfen.

Während dieser Zeit haben sie keinen Versuch der Tranceheilung gemacht und kennen die Namen der Geistheiler heute nicht.

Das ist ein anderer triftiger Grund dafür, daß das natürliche Heilen besser als Tranceheilen ist. Man muß annehmen, daß kein Geistheiler alle Heilungsprozesse genau kennt. Und natürlich sind gute Kenntnisse für die spirituelle Heilung ebenso nötig wie in der medizinischen Behandlung.

Niemand kann alle Fortschritte in der medizinischen Wissenschaft überblicken und verstehen, wir haben deshalb Spezialisten. In der geistigen Welt, die auch ein Reich des Aufwärtsstrebens ist, braucht man für den Erwerb von Wissen über die Anwendung und Gleichschaltung der kosmischen Kräfte auf menschliche Bedingungen ebenso eine besondere Ausbildung. Da es hierfür auf der Erde Spezialisten gibt, ist es nur logisch, daß es auch geistige Spezialisten geben muß. Wenn jemand versucht, nur Tranceheilung zu geben, so beruht der Erfolg auf dem Wissen des Geistheilers.

Bei der natürlichen Heilung öffnet sich der Heiler, um von irgend einer Heilungspersönlichkeit des geistigen Reichs geleitet zu werden. Auf diese Weise kommt die Heilung durch jenen Geistheiler zustande, der für diesen Fall am besten geeignet ist.

Obgleich der Autor oft darüber informiert wurde (auf höchst verständliche Weise), daß sowohl Pasteur wie auch Lister sich mit ihm verbunden hätten, bittet er sie niemals für einen besonderen Fall als geistige Führer zu wirken, sondern er öffnet sich, um von irgend einem Heilungsführer nach dessen Ermessen geleitet zu werden. Beinahe jedes menschliche Leiden ist auf diese Weise behoben oder gelindert worden.

Der Anfänger braucht seine ganze Charakterstärke, um diesen Rat zu befolgen, denn, solange er keine Beweise der Heilungen sieht, könnte er denken, daß er im Dunkeln arbeite.

Es ist wohl der härtere Weg, aber schließlich doch der bessere. Er erspart sich weiterhin die zeitraubende Aufgabe für Kontrollsitzungen unter Trance.

Diese Methode vermeidet auch viele andere Irrtümer der Tranceheilung. „Führer-Verehrung" zum Beispiel begrenzt die Kraft der Heilung und erhöht den Nutzen nicht. Es ist verständlich, daß ein Medium seine Führer verehrt. Daraus ergibt sich, daß das ständig arbeitende Unterbewußtsein Phantasien schafft über die Individualitäten und die aus Selbsttäuschung entstandenen Abirrungen, wie z.B. in der Sprechweise (Pidgin Englisch) und physische Verzerrungen, welche oft die Trancearbeit so unnötig belasten.

Das Unterbewußtsein ist tätig und kann Störungen verursachen, daher ist es klar, daß es bei der Tranceheilung nachteilig einwirken kann. Mitunter werden Irrtümer übertragen und unmögliche Versprechungen gegeben.

Dieses Buch enthält viele Wiederholungen, aber sie sollen absichtlich diesen Standpunkt betonen. Wir wiederholen, je einfacher und natürlicher die Heilung ausgeübt wird, um so reiner und größer ist sie.

Die Heilungsführer sind wundervolle Persönlichkeiten. Sie haben ihr größeres und volleres Leben mit der Mission betreten, Weistum zu erwerben und barmherzig für die Kranken zu wirken. Damit beschleunigen sie den spirituellen Fortschritt der Menschheit und durch die Anwendung der göttlich geistigen Heilungskräfte sind sie wirklich Missionäre Gottes und helfen seine Absichten ausführen.

Viele Heilungsführer waren im irdischen Leben Doktoren, sie besitzen eine tiefe Liebe zu ihrem Beruf und sind innerlich um ihre Patienten bemüht. Andere waren Pflegerinnen und Schwestern der Barmherzigkeit. Die roten Indianer, die Zulu und andere, die enger als wir mit der Natur zusammenleben, befinden sich auch unter den vielen Führern; diese wirken durch ihre menschlichen Instrumente auf die Kranken. Es sind alle Nationalitäten und Rassen in dieser wahrlich großen Bruderschaft der Seelen vertreten. Der allgemeine Wunsch, Kranke zu heilen, verbindet sie. Der Heiler ist nur ihr Kanal und es ist nur richtig, daß er sie alle mit Liebe und Dankbarkeit ansehen soll.

Gewiß erschwert unsere Schwäche ihre Aufgabe, aber ihre endlose Geduld und Hingabe werden belohnt, wenn sie sehen, daß im Leben ihrer Patienten das Glück zurückgekehrt ist und ihre Lieben, anstatt von Schmerzen geplagt zu sein, Harmonie wiederspiegeln.

Wir können ihnen wirklich mit nichts danken.

Für den Heiler, der ihnen als Medium dient, erwächst daraus der reichste Segen.

9

Allgemeine Regeln für die Führung

Bei der Geistheilung gibt es keine festen Regeln und keine Heilung kann als Richtschnur für eine künftige dienen.

Größtes Vertrauen ist nötig, aber man kann keine Genesung versprechen. Denn andere Umstände können immer noch die Heilung gefährden.

Der Heiler kann wohl wissen, daß Besserung eintritt und die Krankheit vielleicht überwunden wird. Aus seinem größeren Wissen heraus kann der Heilungsführer anzeigen, daß die völlige Wiederherstellung möglich ist. Aber immerhin kann es noch sein, daß der Patient sich falsch verhält.

Ein Patient hat z.B. ein schwaches Herz, der Erfolg ist da, das Organ ist gestärkt – die Symptome der Spannung und der Schmerzen sind vorbei und die Genesung ist auf dem besten Weg, wenn aber der Patient versucht, sich körperlich anzustrengen, z. B. einen schweren Gegenstand hochzuheben und zu tragen, kann er sich überanstrengen, und dann ist alle Mühe umsonst gewesen.

Bei jeder Krankheit kann der Patient während seiner Genesung Fehler machen, die seine Wiederherstellung beeinträchtigen. Hat man dem Patienten die feste Zusicherung seiner Genesung gegeben und ein Rückschlag tritt aus gegebenen Gründen ein, fällt die Schuld immer auf den Heiler und seiner Behandlung. Wir lehnen deshalb bestimmte Zusagen für die Genesung ab. Einige Heiler und manche Patienten begnügen sich damit, auf die geistigen Heilungskräfte zu vertrauen und verweigern ausdrücklich alle Medizin oder Pflege des Doktors. Einige lehnen den Arzt gänzlich ab.

Man sei überall vernünftig. Wir lernten den Körper und seine Gesunderhaltung kennen. Es wäre dumm, wollten wir die Vorteile dieses Wissens nicht anerkennen. Wenn ein Patient an Rheumatismus leidet, dann unterstützen Massage und heiße Behandlung die Wiederherstellung. Dies ist ein einfaches Beispiel, und der Grundsatz wird dadurch ins Licht gerückt, daß es gut ist, sich selbst zu helfen, wenn man kann.

Die Schulmedizin hat von ihrem Standpunkt aus besondere Methoden entwickelt, um Leiden und Schmerzen zu beheben, und was davon wirkungsvoll ist, unterstützt die Arbeit der geistigen Heiler.

Wir empfehlen daher mit Nachdruck: mehr Zusammenarbeit der Geistheiler mit der Schulmedizin; ferner mit den Psychologen, Osteopathen, Diätikern, Masseuren und Naturheilkundigen. Es kann wohl sein, daß künftig die Schulmediziner und die Naturheilkundigen ihre eigenen geistigen Heilgaben zu entwickeln trachten und einander beistehen.

Wir mahnen zur Vorsicht bei chirurgischen Eingriffen. Alle Leute möchten Operationen vermeiden und suchen sie zu umgehen. Wir erinnern daran, daß nicht alles geheilt wird. Man kann nie etwas versprechen. Für oder gegen eine Operation zu stimmen, erfordert große Überlegung und Sorgfalt.

Das wird man stärker beachten, wenn man sich vergegenwärtigt, daß die Zeit bei manchen Heilungen entscheidend ist. Ein Gewächs durch natürliche Mittel zu beheben, erfordert Zeit, aber dem Patienten muß oft schnell geholfen werden.

Grundsätzlich soll der Heiler, das Operationsmesser überflüssig machen, aber es wäre unklug, diesen Grundsatz in allen Fällen stur anzuwenden.

Wir erinnern daran: Geistheilung in Verbindung mit der Schulmedizin ist so durchzuführen, daß der Patient zuerst der letzteren unterworfen wird; ist diese verfehlt, so wird dadurch der Heilung vorgegriffen – und dies ist ein anderer Grund, keine Genesung zu versprechen.

Nun erwähnen wir noch etwas für die Geistheilung Wichtiges. Bei einer Operation setzt der Heiler die Fürbitte fort, so daß die Geistheiler während der Spitalbehandlung „in Bereitschaft" sind. Man sah oft, daß es eine große Hilfe war.

Bei der Fern- und Kontaktheilung muß der Heiler während der ganzen Zeit das äußerste Vertrauen haben, daß das Beste erreicht wird. Er muß überzeugt sein, daß die Genesung komme. Bei chronischen Leiden kann der Erfolg anscheinend ausbleiben, dadurch soll sich der Heiler nicht enttäuschen lassen, besonders wenn der Patient ein naher Verwandter oder Freund ist.

Heilungen werden nur durch die natürlichen – physischen und spirituellen – Gesetze beschränkt. Wenn bei einer besonderen Krankheit eine Heilung nicht eintritt, braucht der Heiler nicht verzagt sein.

Der Autor erreichte viele schnelle und völlige Heilungen: bei Patienten mit Tuberkulose im Anfangs – und im fortgeschrittenen Stadium. Ein naher Verwandter litt sehr daran und starb trotz aller Mühe, einschließlich einer Anzahl von Sanatoriumsaufenthalten. Bei Fremden, die an Taubheit litten, sind Heilungen auf der Stelle eingetreten, während bei einem sehr nahen Verwandten keine sichtbare Besserung erreicht wurde. Aus diesen Gründen betont der Autor, daß kein Heiler jemals eine Versicherung für den Erfolg geben kann. Dies liegt nicht in seinen Kräften.

Der Heiler kann daher Enttäuschungen erleiden, aber auch große Freuden erleben. Was die Heilungen entscheidet, liegt jenseits unserer Begriffe. Es kommt daher, weil wir noch nicht die ganzen physischen und metaphysischen Gesetze verstehen, die für die Ursache und die Behandlung des Leidens gelten.

Es gibt bestimmte physische und metaphysische Gesetze, die Krankheiten bewirken. Die Krankheit ist nicht „zufällig". Man muß sie mit entgegenwirkenden Therapien bekämpfen, diese verändern den Körperzustand.

Die geistigen Heilungsintelligenzen können durch ihr größeres Wissen, diese Therapien wirksam machen: durch die erbetene Fernheilung oder durch direkte Übertragung über den Geist und den Körper des Heilers auf den Patienten.

Wir fügen eine allgemeinere Schlußfolgerung bei. Gerade so wie zwischen Sendungen und Empfang, das heißt zwischen dem Heilungsführer und dem Heilungsmedium Harmonie herrschen muß, so muß auch zwischen dem Geist des Patienten und seinem Körper Harmonie vorhanden sein. Ist diese Bedingung nicht erfüllt, dann können Heilungen ausbleiben.

Der Heiler setze niemals den geistigen Kräften eine Grenze. Auch was uns als unheilbar erscheint, kann vom Geistheiler geheilt werden. Der Heiler sehe mit Freude der sicheren Genesung entgegen.

Zuerst ist es nicht leicht ein solches Vertrauen zu haben, man muß Heilungen erleben, das begründet die Sicherheit. Ist der Heiler sicherer geworden, dann überträgt er unbewußt dieses Gefühl auf seine Patienten, entweder durch seine Art bei der persönlichen Heilung oder durch den Briefwechsel bei der Fernheilung.

Skeptiker sagen bei einer offenbaren Geistheilung, sie sei eine „Glaubensheilung" und käme zustande, weil der Patient sich darauf eingestellt habe, es *werde* ihm durch ein besonderes Heilungsverfahren, dem er vertraut, besser gehen.

Zweifellos trägt ein solches Vertrauen psychologisch zu dem Erfolg bei. Ein Patient kann fest an die Gebete eines Priesters oder an eine Flasche Medizin glauben. Das spielt mit. Ein Spiritualist, der die Tatsachen von dem Weiterleben nach dem Tode und die Durchgaben kennt, wendet sich mitunter an ein Heilungsmedium, das wegen erfolgreicher Heilungen in gutem Rufe steht. Er hat das Vertrauen, daß gerade dieser Heiler für seine Besserung der rechte sei. Dies hilft ihm und es kann sein, wenn das Leiden des Patienten im Geistkörper ist, daß seine Willenskraft die Behandlung unterstützt. Wir geben den Vorteil zu, daß der Glaube des Patienten an seine schließliche Heilung hilft, aber wir stellen entschieden fest, daß die Geistheilung *nicht* „Glaubensheilung" ist. Das kann weitgehend bewiesen werden. Davon kann nicht die Rede sein bei den vielen, die von Fernheilung nichts wissen, (wenn von dritter Seite um Heilung gebeten wird), auch nicht bei Säuglingen und Kindern, denen wir leicht helfen können. Es kann nicht der Glaube des Patienten allein sein, welcher ein bösartiges Gewächs dazubringt, sich unter den Händen des Heilers aufzulösen, oder einen Blinden sehend, einen Tauben hörend zu machen.

Daher bewirkt offenbar nicht die geistige Einstellung des Patienten die Geistheilung.

10

Die dritte Entwicklungsphase

Persönliches Heilen, die dritte Entwicklungsphase, ist bei weitem das Interessanteste an unserer Arbeit. Wir sehen bei der Fernheilung den Patienten nicht; er ist eine nebelhafte Gestalt, nur durch „Astralreisen" kann der Heiler ihn sehen.

Wir freuen uns über nichts mehr, als wenn Schmerz behoben, eine Mißbildung beseitigt oder ein Gewächs aufgelöst wurde.

Beim persönlichen Heilen müssen wir voll und ganz vertrauen, aber mit den erreichten Heilungen werden wir immer zuversichtlicher.

Ein Anfänger ist wahrscheinlich zunächst recht selbstbewußt und es wäre gut für ihn, wenn er zunächst einfach dabei wäre, um zu beobachten, und dann einen erfahrenen Heiler unterstützen würde.

Über die Diagnose sprechen wir später, vorläufig nehmen wir nur an, daß der Heiler das Leiden kennt, zu dessen Heilung er beitragen soll.

Die meisten Heiler stehen bei ihrer Arbeit vor dem sitzenden Patienten; das ist unzweckmäßig. Der Heiler muß selbst entspannt sein; er muß sich auf die richtige Stimmung einstellen, und das erreicht man im Sitzen viel leichter. Deswegen setzen sich Patient und Heiler einander nahe gegenüber.

Der Heiler stellt sich ein.

Er vergißt seine Umgebung, den Patienten, und wirklich alles, denn er gibt seinem Geist-Selbst die Vorhand; hierauf hat er sich schon früher geschult.

Wenn er fühlt, daß die geeignete Stimmung erreicht ist, muß er sich auf den Patienten „einstellen", dazu faßt er die Hände des Patienten an, wodurch er mit ihm „verbunden" ist.

Der Grund dafür ist, daß die Heilung nicht durch den Körper des Heilers bewirkt wird. Durch den Heiler werden die Heilkräfte nur hindurchgeleitet. Gleiches kann nur mit Gleichem Kontakt haben. Die geistige Kraft fließt durch den Geistkörper des Heilers, der mit dem physischen Körper eng verbunden ist, durch ihn zu dem Geistkörper des Patienten und dann zu dem

Körper des Patienten. Deswegen muß als erstes zwischen dem Heiler und dem Patienten völlige Harmonie hergestellt werden.

Hat der Heiler das Gefühl der „Gemeinsamkeit“ erreicht, ist es eine Hilfe, wenn er seine Hand auf das Herz des Patienten legt und weiter auf diesen „eingestellt” bleibt.

Wenn der Heiler die Diagnose nicht selber stellen kann, macht es nichts, den Patienten nach seinem Leiden zu fragen.

Während der „Einstellung” höre man, was er sagt, und sei empfangsbereit, um die Führung zu erhalten.

Für alles, was der Heiler macht, muß ein triftiger Grund vorhanden sein.

Nun wendet sich der Heiler dem kranken Körperteil zu und legt die Hand darauf, die andere bleibt mit dem Patienten in Berührung. Wenn möglich lege man, was sich oft als gut erwies, die zweite Hand auf die gegenüberliegende Körperseite.

Der Grund dafür ist, daß sich ein „Stromkreis” bildet, die eine Hand „positiv” für die Behandlung, die andere als ergänzender Zusammenschluß. Später werden wir von den Ausnahmen berichten.

Die ganze Zeit hindurch muß der Heiler auf seinen Geistführer und den Patienten eingestellt sein.

Man soll das Gefühl erreichen als ob die Hände dem Patienten gehörten und mit ihm zusammengeschweißt wären. Dann beginnt die Heilung. Der Heiler konzentriert sich nun ganz auf seine Arbeit und denkt nur an die Heilung. Er vergißt sich selbst. Nur seine Hand „lebt”. In diese verlegt er sein ganzes Sein, sein Gemüt, sein wahres Selbst. Die Hand ist voller Leben, sie lebt. Er fühlt seine Hand nicht mehr als Teil von sich, sondern eher als seine geistige Hand im Kontakt mit dem Geistkörper des Patienten.

Dies geschehe leicht und natürlich, ohne Anstrengung. Die Hand bleibt über dem angegriffenen Körperteil, und durch sie fließt der Gedankenimpuls, der das Leiden behebt, das Gewebe stärkt, es reinigt oder bewirkt, was immer erforderlich ist.

Die Hand bewegt sich, wie um das Geschwür zu verteilen oder die Schmerzen zu stillen oder um auszudrücken, daß das Kranke „weggewischt” würde.

Bei jeder Handbewegung muß der „Gedankenimpuls” dabei sein; z.B. bei einem Gewächs oder einem „Klumpen” fühle man in den Fingern die Kraft, es aufzulösen oder zu verteilen. Alles andere ist dabei belanglos. Bleibe dicht am Patienten, wobei in den erforderlichen paar Minuten nur das erstrebte hohe Ziel im Auge behalten wird.

Die Heilung braucht nicht lange zu dauern; man kann sie weder erzwingen noch beschleunigen.

Bei hartnäckigen und chronischen Leiden sind mehrere Behandlungen nötig. Jede unnötige Bewegung soll man vermeiden. Ein besonderes Kapitel ist dem Heilungsvorgang gewidmet.

Beim Beginn der Arbeit fühlt der Heiler, daß eine Hand positiver als die andere ist. Diese Hand nennt man die „Krafthand". Einige Heiler können beide Hände positiv gebrauchen.

Dies ist daraus zu erklären, daß der Heiler einen Kraftstrom durch Hand und Arm fühlt und zwar als ein „Vibrieren", ein Hitze- oder Kältegefühl zwischen der Hand und dem Patienten. In diesem Fall ist die tätige Hand die Krafthand, es ist die positive Hand, die andere ist die für den Stromkreis notwendige Ergänzung.

Für den Patienten ist es wichtig, Körper und Gemüt zu entspannen, Körper schlaff und Gemüt ruhig.

Es hilft, wenn der Heiler spricht, um den Kranken zur Entspannung zu ermutigen, und dabei sanft und ruhig über die Stirn und den Kopf des Patienten streicht, wenn nötig den Körper hinunter mit dem Leitgedanken, dem Patienten Erleichterung und Ruhe zu verschaffen.

Ist ein Glied geheilt, dann muß es gebeugt und gestreckt werden, wobei man sich überzeugt, daß die Muskeln entspannt sind. Heile nicht, wenn die Muskeln des Gliedes „angespannt" oder fest sind.

Verliere nicht den Mut, wenn der volle Erfolg nicht gleich eintritt. Er kommt oft erst in den nächsten Tagen.

Benutze jede Gelegenheit, Kranken zu helfen. Es gibt verschiedene Leiden, die einer besonderen Behandlung bedürfen. Wir werden darauf besonders hinweisen, wenn wir dahin kommen. Wie bei allem ist Erfahrung wertvoll, aber zunächst genügen dem Anfänger die hier angeführten Richtlinien.

11

Der Wert der Heilungsstriche

Die meisten Heiler wenden magnetische Striche für verschiedene Zwecke an. Beinahe jedes Buch über psychische Heilung betont ihre Wichtigkeit und erklärt eingehend, wie sie ausgeführt werden. Mitunter wird darauf hingewiesen, daß die Technik bestimmter Handstriche für eine Heilung der richtige Weg sei.

Es muß wieder betont werden, daß es für die Geistheilung keine gesetzmäßigen Regeln gibt, und die Art, die der eine Heiler vorteilhaft anwendet, unterscheidet sich von jener, die andere anwenden. Die in diesem Kapitel ausgesprochenen Ansichten stehen im Gegensatz zu denen der meisten Heiler.

Darf man fragen, weshalb Striche gemacht werden und was sie für die Krankenheilung bedeuten? Eine Theorie sagt, wenn die Hände am Körper oder an einem Gliede entlang streichen, „wischen sie die Krankheit weg". Eine andere volkstümliche Theorie stellt dar, daß Striche vom Kopf abwärts entlang dem Körper die Aura des Patienten reinigen und dadurch zur Heilung beitragen.

Untersuchen wir diese Theorien, als erste die Aurareinigung. Die Aura ist eine Strahlung um den physischen Körper, zwei oder drei Zoll stark (1 Zoll = 2,5 cm), bei zunehmender Entfernung rasch abnehmend.

Die Aura hat Farben und ohne deren Bedeutung im einzelnen darzulegen, können wir sagen: klare, helle Farben zeigen gute Gesundheit und Wohlergehen an. Trübe oder dunkle Farben psychische Störung oder Disharmonie. So zeigt blau einem Hellseher den Gesundheitszustand einer Person an entsprechend der Reinheit der Farbe.

Was wir uns vor allem merken müssen, ist, daß die Aurastrahlung den Zustand des Patienten widerspiegelt, Strahlungen sind nicht selbst die Ursache der Erkrankung, sie sind ein Symptom oder eine Widerspiegelung.

Diese Feststellung ist kaum zu bestreiten. Es ist daher unlogisch zu glauben, daß man eine Ursache durch Beeinflussung ihrer Spiegelung beheben könne, ebensowenig wie man einen festen Gegenstand beseitigen kann, wenn man versucht, seinen Schatten fortzuwischen.

Es ist sicher klar, daß man bei der Heilung zuerst Körper und Gemüt von Störungen befreien muß, dann wird die Aura natürlich den besseren Gesundheitszustand widerspiegeln.

Heiler pflegen bei ihren ersten Versuchen, Kranken zu helfen, mit lang ausholenden Strichen zu beginnen.

Ein Handbuch schlägt vor, wenn der Heiler das Leiden seines Patienten nicht kenne, sollte er einfach diese Striche machen.

Solche Versuche, „die Aura zu reinigen", dürften unbegründet sein. Sie muten wie persönliche Heiltechnik an und können zur Gewohnheit werden.

Der einzige Wert der Aurastriche ist, daß sie dem Heiler zur Einstellung auf die Geistmächte psychologisch helfen und durch seine guten Leitgedanken indirekt den Patienten fördern. Aber kein Leiden kann geheilt werden durch den Versuch, seine Spiegelung zu beeinflussen.

Der zweite Gedanke ist, „Striche" längs des Körpers wischen das Leiden weg. Dies spielt ein wenig mit, aber es wird übertrieben.

Wenn ein Patient Fieber oder Kopfschmerzen hat, tröstet das sanfte Streicheln der Stirn und lindert den Schmerz. Bei solchen Gelegenheiten helfen die Striche. Wenn ein Patient Schmerzen hat, und man legt die Hand auf die schmerzende Stelle mit der Absicht, den Schmerz „wegzuwischen" oder ihn zu „lindern", dann hilft es.

Aus diesem einfachen Wegstreichen ergaben sich Übertreibungen. Man machte die Striche tiefer, stärker und länger und zuletzt eine abschleudernde Handbewegung, wie um etwas wegzuwerfen.

Auch das war verständlich im Gefolge des „Schmerzen-Wegwischens".

Es ist offenkundig, daß die Hand den Schmerz oder das Leiden nicht in Portionen sammelt und dann auf den Fußboden wirft. Der einzige Zweck der Handbewegungen ist, den Wunsch des Heilers auszudrücken, den Schmerz zu beseitigen und dazu nützen sie.

Viele Heiler dachten, daß derartige Striche die Leiden aufsammeln und daß diese durch die „wegwerfende" Bewegung entfernt würden. Dieser Gedanke wurde bis zum Außersten fortgesponnen. Man hat sogar behauptet, daß ein Mensch im Umkreis der wegschleudernden Bewegung angesteckt werde, und dabei Hexenschuß, Rheumatismus oder ein anderes Leiden bekommen könne.

Bei ruhiger Überlegung erkennt man bald, daß man damit nicht einverstanden sein kann. Einige Heiler haben diese fixe Idee und machen die Striche so heftig, daß sie den Patienten „auszuwringen" scheinen. Eine solche Behandlung schadet der Würde der Heilung.

In diesem Zusammenhang glaubt man, daß der Heiler nach der Behandlung die Hände waschen müsse, damit er nicht das Leiden auf die nächsten Patienten übertrage.

Händewaschen ist vom hygienischen Standpunkt aus gut, besonders wenn der Patient ein Hautleiden hatte oder wenn bei Gewächsen Ausdünstungen vorkommen.

Wäre es physisch möglich, das Leiden vom Patienten auf die Hände des Heilers zu übertragen, dann könnte man es nicht durch Abspülen der Hände mit kaltem Wasser in wenigen Augenblicken beseitigen.

Wenn dieses Verfahren überhaupt haltbar wäre, könnte man sich in einem Heilungszirkel infizieren, wodurch das Ganze mehr schaden als nützen würde. Die Idee ist absurd. Psychische zur Heilung benützte Kräfte können das nicht bewirken. Es ist gut, wenn jeder erkennt, wie nichtig es ist, sich vorzustellen, daß während einer solchen Behandlung die heilenden Hände mit Tuberkulose, Arthritis oder anderen Krankheiten, an denen der Patient leidet, „behaftet" würden.

Einige Heiler stehen mit ausgestreckten, becherförmigen Händen, die Handflächen nach oben, als ob sie von dort die Heilkräfte empfingen, darauf „füllen" sie dieselben mit Strichen in den Körper des Patienten. Auch das ist phantastisch, und alle solche Posen sollten vermieden werden, denn sie hindern nur die Heilwirkung. Diese Ideen sind wahrscheinlich dem Wunsch des Heilers zuzuschreiben, persönliche Heiltechnik zu erwerben, aber sie sind unbegründet. Daraus ergibt sich, daß man von einem wirklichen Heilwert der Striche nicht sprechen kann. Keine Körperbewegung an und für sich kann heilen. Wenn der Patient nervös oder abgespannt ist, muß der Heiler für Entspannung sorgen, und dies wird gewöhnlich durch Zureden und durch beruhigende Striche entlang dem Körper erreicht.

Wenn ein Heiler fühlt, daß er den Wunsch nach Heilung durch Bewegung seiner Hände ausdrücken soll, dann ist es recht. Der Patient wird dadurch getröstet. Die Striche selbst haben jedoch keinen Heilwert und alle Übertreibungen sind nutzlos und überflüssig.

12

Die vierte Entwicklungsphase

Wollen wir eine richtige Diagnose stellen lernen, so eröffnen sich uns dafür mehrere Wege. Es gibt allgemeine Methoden, und der Heiler muß die für ihn geeignetste selber herausfinden.

Einige Heiler nehmen in ihrem Bewußtsein ein inneres „Bild" des kranken Körpers auf; z.B. sie empfangen ein geistiges Bild des Herzens oder eines Gelenks oder eines anderen erkrankten Körperteils. Meistens wird dort auch die tatsächliche Krankheit angezeigt.

So weiß der Heiler, wo der Herd liegt, kann die Diagnose stellen und mit der Behandlung beginnen.

Andere „sehen" ein Licht oder eine Strahlung über dem betreffenden Körperteil des Patienten. Diese Methode ist weniger aufschlußreich als die erste, aber für den Heiler von großer Hilfe, denn nun kann er den Herd feststellen.

Bei den Tranceheilern stellt gewöhnlich der Geistführer die Diagnose und erteilt die Ratschläge.

Es gibt jedoch zwei mehr allgemeine Methoden. Die erste ist, durch die „Hände" zu erfühlen. Gleiten die Finger des Heilers leicht über den Körper des Patienten (sie brauchen ihn nicht zu berühren), dann fühlt er in der Hand etwas Ähnliches wie Hitze oder Kälte, etwa so wie die Anziehung eines Magneten auf Stahl.

Hierbei zeigt die Stelle, wo dieses Gefühl am stärksten auftritt, gewöhnlich den Krankheitsherd an.

Entzündete oder „böse" Stellen strömen oft Hitze aus. Dadurch kann man den Krankheitsherd feststellen, aber diese Hitze darf man nicht mit dem Hitzegefühl bei der Diagnose verwechseln.

Auch der Patient fühlt, daß der Hand des Heilers Hitze entströmt und tief in seinen Körper eindringt. Zieht man die Hand allmählich zurück, so wird die Hitze um so geringer, je weiter der Heiler sie entfernt. Dadurch weiß der

Heiler, daß der Patient nicht die normale Wärme der Hand fühlt. Tatsächlich wird diese Wärme oft als „Hitze" empfunden.

Experimente haben hier bewiesen, daß bei sehr starkem Hitzegefühl des Heilers und des Patienten ein Thermometer keine Temperaturveränderung anzeigt, wenn man es zwischen die Hände des Heilers und den Körper des Patienten legt. Dieser einfache Versuch ergibt, daß dieses Hitzegefühl nicht physikalischer Art ist, sondern aus geistiger Quelle kommt.

Intuitive Diagnose ist oft der beste Weg um zu erfahren, wo Hilfe nötig ist und was die Ursache der Störung ist. Die intuitive Diagnose stellt sich ein, sobald der Kontakt mit den Geistführern enger und natürlicher wird. Der Anfänger erreicht dieses Ziel, wenn er die in den vorhergegangenen Kapiteln vorgeschlagenen Praktiken befolgt. Dann wird die Diagnose in Gedankenform gegeben, und ist der Heiler wirklich aufnahmebereit, empfängt er die gewünschte Auskunft.

Es ist nicht nötig, den medizinischen Namen der Krankheit zu erfahren. Für die Heilungsführer wird es nicht möglich sein, die Diagnose mit den schulmedizinischen Begriffen und Namen in Übereinstimmung zu bringen, es soll auch nicht gesucht werden. Es kommen natürlich allgemeine Ausdrücke wie Arthritis, Rheumatismus etc. vor, aber wenn die Heilungsführer die Krankheit nicht nennen, macht es nichts, wenn der Heiler keinen „Namen" für das Leiden erfährt. Die Namen sind unwichtig, es kommt allein auf die Heilung an.

Erst allmählich erreicht der Heiler diese Höhe, und zwar erst dann, wenn die Einschaltung vollkommener wird. Fühlt ein Anfänger, wo die Spannung ist, frage er ruhig den Patienten, ob es richtig sei. Praxis und Erfahrung helfen auch hier weiter.

So schwankt gemäß dem Ausbildungsstande des Anfängers die Methode der Diagnose und der Fähigkeit des Heilungsführers, sein Instrument in bester Weise zu gebrauchen.

Die Diagnose ist natürlich für den Heiler ein sehr wertvolles Hilfsmittel, aber erfährt der Heiler sie nicht, beeinträchtigt es die Heilung nicht.

Es macht nichts, wenn der Heiler seinen Patienten fragt, was ihm fehle und anhört (bei Einschaltung) was der Kranke sagt. Die intuitive Anweisung für die nötige Behandlung erhält er dann.

Jeder Heiler muß lernen, den Durchgaben zu vertrauen und dementsprechend zu behandeln. Also, wenn ein Patient sagt, er habe Schmerzen im Bein, der Heiler aber fühlt, daß die Wurzel des Leidens im Rückgrat liegt, behandelt er das Rückgrat und später vielleicht örtlich das Bein.

Die Schulmedizin behandelt oft das Resultat eines Leidens und nicht dessen Ursache. Die geistige Heilung beseitigt die Ursache der Krankheit, und dann verschwinden die Symptome. Werden die Ursachen nicht behoben, kann das Leiden nie völlig geheilt werden.

Auch wenn der Heiler die Diagnose nicht kennt, kann er noch immer helfen, wenn er einfach die Hände des Patienten nimmt, dadurch können die Geistführer „sehen", was ihm fehlt. Der Heiler verhält sich passiv und läßt die Heilungskraft durch sich auf den Patienten überströmen.

Ist die Krankheit örtlich, wie eine Verrenkung, dann wendet man die Heilkraft unmittelbar auf die betreffende Stelle an. Wenn die Krankheit bekannt ist, wie Lungentuberkulose, dann legt der Heiler seine Hände vorn und hinten auf die Brust, dabei denkt er an die Heilung, Stärkung und Belebung der befallenen Gewebe.

Eine geistige Diagnose hat oft eine zusätzliche Auskunft über die Ursache des Leidens gegeben. Z.B. daß ein Leiden von einem viele Jahre zurück liegenden Unfall stamme. Solche Diagnosen haben sich oft als richtig erwiesen und sind allgemein anerkannt.

Ist es für den Heiler nötig, ein technisches Wissen der Krankheiten und ihrer schulmäßigen Behandlung zu erwerben?

Die einfache Antwort ist: Nein. Wiederholt haben wir betont, daß der Heiler das passive Instrument der Geistkräfte sein muß. Wenn der Heiler einige Kenntnisse über Krankheiten erworben hat, kann dieses Wissen dem reinen Heilerfolg Abbruch tun.

Dennoch ist einiges Wissen nützlich. Wir sagen, daß der Heiler den Heilungserfolg nicht beeinträchtigt, wenn er etwas von der einfachen Anatomie, dem Körperbau, dem Knochensystem, von der Lage der Drüsen, Hauptnerven und Nervenzentren, der Zirkulation und dem Ausscheidungssystem weiß.

Diese Kenntnisse kann der angehende Heiler in einem Kursus der „allgemeinen Massage" erwerben.

Schließlich sagt uns der gesunde Menschenverstand: „Dem Körper werde auf physikalische Weise geholfen." Die beste Heilung chronischer Leiden ist die der Geistheilung unter Einbeziehung physikalischer Therapien. Dies bezieht sich besonders auf Lähmungen und auf die „Familie" der rheumatischen Leiden.

Viele Heiler kennen auch die Kräuter und können ihren Patienten durch tonische Mittel helfen.

Welches Wissen auch immer erworben wurde, es darf während der Geistheilung nur an zweiter Stelle stehen. Geistheilung und Massage verbunden, führen z.B. selten zum Erfolg. Setze zuerst die geistige Heilkraft ein und danach massiere den Körper.

Es gibt also für eine rechte Diagnose keine besonderen Regeln oder Vorschriften. Diese Fähigkeit stellt sich als natürliche Folge der schon beschriebenen Entwicklung ein. Der Anfänger kann also bei der Meditation den Zustand seines Patienten seinem Geistführer mit der inneren Bitte um weitere Führung und Auskunft vortragen. Dann muß er sich passiv verhalten, um die geistige Führung recht empfangen zu können.

Geistige Diagnosen haben oft den Arzten geholfen. Sie zeigten ihnen die Ursache der Krankheit. Befolgten sie diesen Wink, konnten sie raten und den Kranken helfen.

13

Heilung durch Magnetismus

Der oft gebrauchte Ausdruck „magnetische Heilung" ist für das Wort „Magnetismus" nicht gut gewählt. Die magnetische Kraft, die die Kompaßnadel bewegt, ist eine polarisierte physikalische Kraft. Die sie regierenden physikalischen Gesetze sind bekannt und werden in der Wissenschaft angewandt. Sie ist keine geistige Kraft.

Wendet man bei der Geistheilung geistige Kräfte an, dann gehört der Magnetismus nicht dahin. Eine „magnetopatische Heilung", die den Magnetismus als Mittel für die Krankenheilung gebraucht, gibt es daher tatsächlich nicht.

Doch ist dieser Ausdruck weit bekannt, er bedeutet die Übertragung einer Energie vom Heiler auf den Patienten. Chemische Atherarten, unser gemeinsames Erbgut werden dabei verwendet, wir lasen davon im Kapitel 4. Neuerdings haben Heilpraktikanten elektronische Apparate benutzt und Heilungen erreicht. Fraglich ist, ob die Heilungen als ein *unmittelbares Resultat* diesem Apparat direkt zuzuschreiben sind.

Man unterscheidet zwischen geistigen und physikalischen Kräften. Jede Kräfteart gehört einem eigenen Bereich an. Es muß noch erprobt werden, ob der Apparat geistige oder kosmische Kräfte in physikalische Kräfte umwandeln kann.

Für diese Umwandlung muß ein Medium da sein, damit eine geistige Kraft auf das Körpergewebe oder auf das Gemüt wirken kann.

Bei der Kontaktheilung findet diese Umwandlung durch den Organismus des Heilers oder des Patienten sowohl physisch als auch geistig statt.

Bei der Fernheilung gibt es keinen physischen Kontakt mit dem Heiler, so scheint die Theorie, daß die Umwandlung über das Geist-Selbst des Patienten zu seinem Körper geschieht, logisch.

Jeder von uns besitzt einen Speicher physischer und ätherischer Energien, sind diese erschöpft, fühlt sich der Mensch matt und schwach. Viele Krankheiten zehren diese Reserven natürlicher Energien auf. Der „Magnetopath" hat einen Überfluß an dieser Lebenskraft und überträgt sie auf seine Patienten.

So hat der „Magnetismus" aus sich selbst keine geistige Bedeutung, wie das im Begriff dieses Wortes liegt. Es ist jedoch sehr schwer zu bestimmen, wann die „magnetopathische" Heilbehandlung aufhört und die geistige Heilung beginnt, es gibt keine starre Trennungslinie.

Ihr Hauptzweck ist, dem Leidenden gesunde Kräfte aus den ätherischen Reserven des Heilers zu übertragen. Ein Patient, dem diese Kräfte fehlen, soll wieder aufgeladen werden, so wird die Heilung bestimmter Leiden gefördert.

Die Krankheiten, bei denen auf diesem Weg direkt geholfen werden kann, sind beschränkt, aber indirekt kann fast allen Leidenden geholfen werden. Die Leiden, die größtenteils gebessert werden können, sind: Anaemie, Nerven- und Funktionsstörungen, Erschöpfungszustände, Knochen- und gewisse Magen- und Darmleiden.

Die Krankheit wird nicht direkt überwunden, aber dem Körper werden wesentliche Lebenskräfte zugeführt.

Wenn der Heiler auf diese Weise ständig seine Energien spendet, wird seine Gesundheit geschwächt, er halte deshalb den Strom dieser Kraft sorgfältig unter Kontrolle. Dies ist einer der wesentlichen Unterschiede der „magnetopathischen" Heilung und der Geistheilung, denn die letztere schwächt niemals die Konstitution des Heilers – eher stärkt sie sie.

Wenn die Heiler sich nach der Behandlung schwach fühlen, kommt es (oft unbewußt) daher, daß sie zu viel eigene kosmische Lebensenergien abgeben. Sie müssen diese mehr in sich zurückbehalten und größere Reserven bewahren. Es ist mehr eine Frage der Energie als die der Geistheilung.

Wenn man jemanden „magnetopathisch" behandelt, ein besseres Wort ist „Äther"-Heilung, muß man für den Patienten Sympathie empfinden, einen inneren Wunsch haben, ihn zu kräftigen und das Leiden zu beheben. Dann, wenn der Heiler die Hände des Patienten hält oder seine Hände auf die kranke Stelle legt, *schenkt er sich selbst* und dabei fließen die Energien von ihm.

Die körperliche Verbindung (Halten der Hände) mit dem Patienten ist bei dem ausgebildeten Heiler nicht immer notwendig – die Kraft kann bewußt durch den Willen gelenkt werden, vom Heiler zum Patienten.

Dachverband Geistiges Heilen e.V.

Mit Liebe zum Leben – Heilung für Körper und Seele

Vitalität, Gesundheit und Lebensfreude in jedem Alter zu genießen, ist der Wunsch wohl eines jeden Menschen. Zunehmend mehr Menschen sind sich der eigenen Verantwortung bewusst, sorgen für ausgewogene Ernährung, reichlich Bewegung und werden auf vielerlei andere Art aktiv. Mitunter jedoch werden wir dennoch krank, macht der Körper mit den Jahren deutlich, dass er älter wird. Dann brauchen wir Hilfe.

Wie eng körperliche und seelische Aspekte miteinander verknüpft sind, zeigt sich immer wieder im Leben: Empfinden wir Freude und Glück, dann achten wir kaum darauf, ob es im Körper irgendwo zwickt, wir fühlen uns eben wohl. Doch wir kennen auch Situationen, in denen uns Probleme auf den Magen schlagen, Angst und Einsamkeit die Kehle zuschnüren, ein dummer Streit uns den Schlaf raubt, Trauer die Augen trübt und Lebenskraft raubt.

Allein diese wenigen Beispiele zeigen, wie wichtig die ganzheitliche Betrachtung und Behandlung von Menschen ist.

Helfen und Heilen

ist das Bestreben von Ärzten, Heilpraktikern und Therapeuten ebenso wie das von Heilern und Heilerinnen. Geistig-spirituelles Heilen zählt allerdings – in Deutschland – nicht zu den heilkundlichen Berufen, sondern zu den seelsorgerischen, religiösen Diensten. Geistige Heilweisen zielen darauf ab, die Selbstheilungskräfte zu aktivieren und somit Heilung zu unterstützen. Geistige Heilweisen schaffen eine Atmosphäre der Geborgenheit und der menschlichen Zuwendung. Viele Heiler verstehen sich auch als Seelsorger und Lebensberater. Heiler behandeln Menschen in deren Einheit von Körper und Seele und nicht nur deren einzelne Krankheiten, Symptome oder Probleme.

Dachverband Geistiges Heilen e.V. (DGH)

Der Dachverband Geistiges Heilen e. V. (DGH), der 1995 gegründet wurde, hatte Anfang 2007 bereits mehr als 3500 Einzelmitglieder. Hinzu kommen die Mitglieder von 18 Mitglieds- und drei Fördervereinen (Stand: Februar 2007).

Information und Aufklärung

Immer mehr Menschen, die über die klassische Medizin hinaus Unterstützung suchen, wenden sich an den DGH, um Informationen zu Möglichkeiten und Grenzen geistiger Heilweisen und Orientierung bei der Suche nach seriösen und gut ausgebildeten HeilerInnen zu erhalten. Somit wächst die Verantwortung des DGH und all seiner praktizierenden Mitglieder von Tag zu Tag.

Verhaltenskodex für Heiler

Der Ethik-Kodex des DGH, zu dessen Einhaltung sich jedes praktizierende Mitglied mit Eintritt in den Dachverband per Unterschrift verpflichtet, ist ein wesentliches Element, um in der Öffentlichkeit ein Signal für Seriosität von HeilerInnen zu setzen.
Dieser Kodex verweist unter anderem auf den achtungsvollen Umgang mit Vertretern aller anerkannten Heilberufe und mit Heilerkollegen, er legt Grundregeln für den verantwortungsbewussten Umgang mit Hilfesuchenden fest und nennt derzeit als Höchstgrenze für Behandlungshonorare 80 Euro pro Stunde, inklusive Mehrwertsteuer (Stand August 2007).

Aus- und Weiterbildungen

Eine weitere wichtige Aufgabe des DGH ist es, gut ausgebildete HeilerInnen an Hilfesuchende zu vermitteln. Die neu gefasste Prüfungsordnung, die ab 2009 gültig wird, und das hiermit verbundene, verpflichtende Basisseminar für HeilerInnen des DGH, die eine „Anerkennung" erlangen wollen, sind erste Meilensteine, um eine gemeinsame Basis für Ausbildungen verschiedenster Heilweisen zu schaffen.
In dieser „Basis-Wissensvermittlung" enthalten sind auch Definitionen von allgemeingültigen, ganzheitlich-spirituellen Grund- und Fachbegriffen. Diese sind wichtig, um einerseits im Gespräch unter Heilerkollegen eine gemeinsame Basis für Wissens- und Erfahrungsaustausch und andererseits um in Gesprächen mit Ärzten, Heilpraktikern und Therapeuten diverser Richtungen eine für alle Seiten nachvollziehbare theoretische Grundlage zu schaffen – eine wichtige Voraussetzung, um in einem sich ganzheitlich (holistisch) entwickelnden Gesundheitssystem kompetente und ernstzunehmende Partner für Heilende wie für Patienten sein zu können.

Harry Edwards' Buch – unverzichtbares Standardwerk

Wir freuen uns sehr, dass nun nach vielen Jahren eine Neuauflage des Buches von Harry Edwards vorliegt – nach wie vor ein unverzichtbares Standardwerk für Heilungssuchende ebenso wie für Menschen, die Heilungsarbeit leisten wollen.

Im vorliegenden Buch wird neben konkreter Wissensvermittlung Edwards Anliegen deutlich, welches sich mit der im DGH herrschenden Auffassung deckt: Wichtige Elemente aller Ausbildungen von Heilerinnen und Heilern müssen neben der Vermittlung einer speziellen Heilweise die Persönlichkeitsentwicklung des Heilers bzw. der Heilerin sein, sowie das vielfache, durch erfahrene HeilerInnen/AusbilderInnen verantwortungsbewusst angeleitete Üben – die Praxis des Heilens.

Dienstleistung des DGH für Hilfesuchende

Hilfesuchenden bietet der DGH fundierte Informationen an, wie man seriöse HeilerInnen erkennt, was man von ihnen erwarten kann – und der DGH sagt auch, wo die Möglichkeiten von Heilern enden.
Gegen Einsendung von zwei Briefmarken à 1,45 Euro erhalten Sie Adressen von HeilerInnen aus Ihrer Region und eine Vielzahl weiterer Informationen. Auch Beratung zu den verschiedenen Arten geistig-spiritueller Heilweisen bietet der Verein.

Kompetenter Partner

Jenen, die sich selbst dem geistigen, spirituellen Heilen zuwenden wollen oder dies bereits getan haben, ist der DGH kompetenter Partner mit Informationen zu Aus- und Weiterbildungen.

Leistungen für Mitglieder

Mitgliedern bietet der Verein kostenlose Rechtsberatung zu Fragen des geistigen Heilens, Existenzgründerberatung, sowie vielerlei Möglichkeiten des Erfahrungsaustausches und der persönlichen Begegnung.

Kongress Geistiges Heilen

Alljährlich richtet der DGH seinen „Kongress Geistiges Heilen" aus und bietet so der breiten Öffentlichkeit Möglichkeiten, geistige Heilweisen in ihrer Vielfalt und Wirkungsweise kennen zu lernen.

Informationen und Kontakt:

Geschäftsstelle & Info-Dienst des DGH
Steigerweg 55 · 69115 Heidelberg
Telefon: 06221 / 16 96 06
(Montag bis Freitag 11 – 14 Uhr)
www.dgh-ev.de · E-Mail: info@dgh-ev.de

Diese Heilung geschieht oft unbewußt. Wenn ein robuster Mensch, voller überschäumender Lebenskraft einen Kranken besucht, so fühlt sich der Patient während des Besuches viel besser.

Andererseits ziehen manche Leute Energien ab. Oft hört man sagen: „sie scheint alle Kräfte aus mir herauszusaugen." Wenn dem anderen die Kräfte genommen werden, so geschieht dies von dem Nehmer oft bewußt, häufiger jedoch unbewußt.

Im Kapitel 4 beschrieben wir die Methode, wie wir die kosmischen Kräfte gemäß unseres Bedarfs selbst aufnehmen können. Das Wegnehmen der Energie von einem anderen ist ein ähnlicher Vorgang.

Eine der ersten und leichtesten Diagnosen ist das Empfinden oder das Wahrnehmen der Erschöpfung bei dem Patienten.

Dies empfindet der Heiler leicht, sobald er die Hände des Patienten anfaßt, denn sie übertragen Mattigkeit und den Mangel an Vitalität. Der Heiler kann dann die Geistheilungskraft *durch* sich übertragen, oder wenn er einen eigenen Überfluß an Vitalität hat, kann diese Kraft, die *von* ihm ist, zu dem Patienten strömen. Wenn er dies innerlich will, geschieht es.

Nach der bewußten Spende persönlicher Energie, ruhe sich der Heiler einige Minuten aus, um sich von seinem Verlust wieder zu erholen. Wenn er sich nicht sogleich erholen kann, dann eben später, wenn es ihm paßt.

Äther (oder „magnetopathische" Heilung) ist die leichteste und einfachste Art der Heilung. Die meisten Leute mit guter Gesundheit können sie ausüben, ob sie es wissen oder nicht.

Aus der bewußten Gabe der eigenen Vitalität, wird oft der erste Schritt für die Entwicklung der Geistheilung vorbereitet.

Dies ergibt sich in natürlicher und einfacher Art, denn zwischen den beiden gibt es keine klare Trennungslinie.

Ärzte, Pflegerinnen, Geistliche, die mit ihren Patienten Mitleid haben, helfen Ihnen oft auf diese Weise unbewußt; aber als erstes muß der innere Wunsch da sein, dem Patienten durch die Gabe des eignen „Selbst" zu helfen.

14

Krankheit und Gemüt

Der Einfluß des Gemüts auf die Gesundheit ist jetzt im weitesten Maß anerkannt, es gibt nur wenige Krankheiten, die nicht unmittelbar mit dem Gemüt zusammenhängen.

Einige Leiden haben physische Ursachen: Verbrennungen, Knochenbrüche und falsche Behandlung, aber diese belasten das Gemüt ebenfalls.

Erstes Prinzip muß sein, daß wir uns den physischen Ursachen gegenüber entsprechend richtig verhalten, gleichgültig ob bei körperlicher oder geistiger Störung. Viele unserer Kankheiten kommen von schlechter Lebensweise, überanstrengung und von falscher Behandlung, die auf Fehldiagnosen beruht. Irrtümer sind häufig.

Bei Störungen muß der Arzt und Geistheiler die richtige Behandlung zur Herstellung der Gesundheit anwenden.

Das Gemüt spielt eine große Rolle bei der Entstehung und Heilung des Leidens. Wir gebrauchen das Wort „Gemüt" in seiner allumfassenden Bedeutung, wie früher betont – es ist das mit dem Alltag verbundene Gemüt und der innere, schöpferische und lenkende Geist.

Neid, Eifersucht, Furcht und Besitzgier sind Krankheiten des Geistes selbst, und diese beeinträchtigen leicht das Wohlbefinden. Neurosen aller Art, Epilepsie, schlechtes Aussehen, Schwindel, Geräusche im Kopf, alle diese und noch manche andere sitzen im Geistigen unseres Wesens. Zwischen dem Gemüt, dem Herzen und Magen besteht eine sehr enge Verbindung. Ängstlichkeit oder Sorgen bringen Herzstörungen, und ein unerfreulicher Anblick läßt manche Leute erbrechen. Migräne kommt meistens von Gemütsstörungen her, sie wirkt auf Kopf und Magen und oft auf das Herz.

Da der Geistkörper der Partner des physischen Körpers ist – er spiegelt die kranken Zustände wieder – so reflektiert der Geist den Zustand des Gemüts und seine gesamten kranken Zustände. Andererseits spiegelt sich ein disharmonischer Geist im Physischen.

Es nützt wenig, die Körpersymptome allein zu behandeln, wenn die Krankheitsursache im Gemüt liegt. Ein Beispiel hierfür ist die Behandlung von Hautleiden. Wir beobachten immer, daß ein Patient mit einem Hautleiden ein bekümmertes Gemüt hat und unter Nervenspannungen leidet. Die Anwendung von Öl und Salben lindert, aber heilt nicht. Gürtelrose fällt auch in diese Gruppe. Bei der Geistheilung stellten wir deutliche Schritte in Richtung auf die Besserung fest. Als erstes fühlt sich der Patient ruhiger und freier – oft so spürbar, daß der Ausdruck „innere Erhebung" berechtigt wäre, ein Gefühl von innerem Frieden oder Ekstase. Sobald dies erreicht ist, wird immer ein Rückgang der Rose und der Hautreizung festgestellt. Dann werden die befallenen Stellen kleiner und neue, reine Haut wächst nach, bis das Leiden ganz vorüber ist.

Fernbehandlung ist der beste Weg, Hautleiden zu heilen. Der Patient sollte jedoch zum Verbündeten gemacht werden. Wir raten ihm, geistige Harmonie zu suchen, sich nicht zu sorgen oder die Geisteshaltung, die Glück in allen Lebensdingen sieht, zu pflegen; er muß sich selbst vor Kummer hüten und Widerwärtigkeiten philosophisch aufnehmen.

Die ersten Gesundheitsgesetze müssen beachtet werden; der Darm rein gehalten, schweres Essen und fette Speisen vermieden werden.

Wenn lange Perioden schulmäßiger Behandlungen fehlschlugen, wurden auf diesem Weg die sogenannten Hautleiden geheilt. Auch beobachteten wir, daß die Hautleiden wieder auftraten, wenn der Patient einen Nerven- oder Gemütsschock erlitt oder wieder Sorgen hatte.

So ist die Heilung dieses Leidens überhaupt keine „physische" Kur, sondern sie kommt, weil die Spannungen innerhalb der beiden Gemütsebenen nachlassen. Dies ist ein typisches Beispiel, wo die Geistheilung mit Erfolg angewandt wird und die Schulmedizin versagt.

Dies eben erwähnte Heilungsprinzip kann bei Anfällen, Migräne und anderen Leiden angewandt werden. Bei der Epilepsie wird während des Heilungsverlaufs der Gesichtsausdruck zufriedener. Furcht und Komplexe verschwinden und allmählich werden die Anfälle weniger, die dazwischen liegenden Intervalle werden länger, bis die Beschwerden verschwinden.

Es sollte jetzt dem Leser klar werden, was der *modus operandi* oder die Arbeitsweise dieser Heilungen ist. Die Ursache ist eine Disharmonie innerhalb des Geistes. Die Geistheilungsführer beeinflussen den Geist des Menschen und beheben die Neurosen. Das psychische Gemüt nimmt diese Veränderung wahr, Ruhe und neuer Aufschwung stellen sich ein, und dann bleibt die Wirkung nicht aus.

Dies Kapitel betrachten wir im Zusammenhang mit dem nächsten von der psychologischen Annäherung an die Heilung und von der Behandlung der Geistesstörungen.

Gleichgewichtsstörungen entstehen unmittelbar durch Gemütsspannungen, diese stören die wahren Funktionen der Sinne. Bei Kopfgeräuschen ist es ebenso.

Magenleiden und Beschwerden der Ausscheidungsorgane entstehen genau so. Auch Krebs gehört zu dieser Gruppe.

Daher wird bei vielen rein organischen Krankheiten beobachtet, daß die Ursache ein mangelhaftes geistiges Gleichgewicht ist.

Das Problem für den Heiler ist, die beste Heilungsmethode für den Leidenden herauszufinden.

Die Beseitigung von Geistesstörungen liegt nicht im Gebiet physikalischer Technik. Medizinische und Kontaktheilung kann viel dazu beitragen, die Symptome zu lindern, aber die wirkliche Heilung kann man nur den Geistheilungsführern überlassen, sie heilen auf den Wegen, die ihnen bekannt und vertraut sind.

Die Fernheilung ist daher gewöhnlich für diesen Zweck die beste Methode. Unser geschriebenes oder gesprochenes Wort unterstützt sie. Damit führen wir die Entspannung des Patienten herbei, die Zufriedenheit, Nachlassen der Sorgen und die Furcht wird gebannt.

Parkinson's Krankheit und verwandte Krankheiten mit Nervenzittern werden am besten durch Fernheilung behandelt.

Hierbei finden wir, daß der Patient sich kaum schüttelt, wenn er schläft. Wir folgern, daß wenn das Oberbewußtsein ruht und still ist, keine Störungen auftreten. Das ganze Gemüt bedarf des Friedens und dies (wie schon oft bewiesen) fällt in das Gebiet der Geistheilung, wenn alle Schulmedizin fehlschlug.

Die Herstellung geistiger Harmonie ist ein allmählicher Vorgang. Das Gemüt muß die ständige Erinnerung an vergangene widrige Erfahrungen verlieren. Die Zeit der Genesung schwankt entsprechend dem individuellen Zustand des Patienten und dem Grad seiner Empfangsbereitschaft.

Später werden wir positiver die mentalen Zustände behandeln und die Weise darlegen, wie sie am besten zu behandeln sind. Aber der Zweck dieses Kapitels ist erreicht, wenn der Leser sich vorstellen kann, wie der Geist selbst viele menschliche Leiden verursachen oder verschlimmern kann.

15

Psychologischer Heilungsaspekt

Man sagt zuweilen, geheilt werde durch die seelische Beeinflussung des Patienten und durch seine Empfänglichkeit für Suggestion.

Es ist etwas Wahres daran, aber es hilft nur mit. Wäre dies nicht so, dann könnten Kinder und geistig Beschränkte nicht geheilt werden oder auch von dritter Seite ausgeführte Behandlungen nicht stattfinden, von denen der Patient nichts weiß.

Es ist jedoch immer gut, wenn der Patient an den Heiler glaubt. Heilungen kommen langsamer und schwerer, wenn der Patient die Hoffnung verloren, Depressionen hat und seine Leiden hinnimmt. Dies bezieht sich besonders auf Fälle lang bestehender Krankheiten, wie Paralyse, Arthritis, Abzehrung, Krämpfe etc. Der Patient hat bei Bewegungen Schmerzen, oder er sieht sie voraus und unterwirft sich ihnen.

Bei vielen Arten der Paralyse kann der Patient seine Glieder nur mit Anstrengung bewegen, und darum verzichtet er lieber darauf.

Sollte der Patient andererseits die Willenskraft haben, an der Heilung mitzuarbeiten und das Leiden durch Bewegungen zu meistern, so tritt die Heilung schneller ein.

Immer ist es gut, wenn der Patient auf die Behandlung vertraut, einerlei ob er an seinen Doktor, seine Flasche Medizin oder an seinen Heilpraktikanten glaubt.

Denken wir daran: Der Heiler kann kein endgültiges Versprechen für die Zukunft geben; er hat immer Vertrauen auszustrahlen, mündlich oder schriftlich.

Wirklich, sobald der Anfänger sieht, seine Patienten werden besser, gewinnt er Vertrauen. „Optimismus" ist das Wunder wirkende Wort.

Psychologisch ist es gut, den Patienten vom Vertrauen des Heilers zu überzeugen. Wenn der Heiler selbst das höchste Vertrauen auf die Kraft der Geistheilung hat, überzeugt er seinen Patienten von dem Erfolg.

Bei einer Diagnose ernster, gefürchteter Krankheiten wie Krebs, Paralyse und Tuberkulose wäre es unklug, sie seinem Patienten mitzuteilen. Der Patient würde sich ängstigen. Die harmonische Stimmung und somit die Heilung würden beeinträchtigt.

Sind die Familienmitglieder nicht sehr nervös, kann der Heiler ihnen die Diagnose mitteilen und anraten, X-Strahlen zu nehmen oder sonst eine ärztliche Behandlung vorschlagen.

Bei jedem Fall muß man ruhig und sorgfältig überlegen, was zu sagen ist. Dem Patienten erzähle man es nie.

Diese Praxis gilt allgemein für die Schulmedizin. Mitunter hört man ein brutales medizinisches Urteil: „Sie haben Krebs und werden nach so und so vielen Wochen sterben." Die große Verzweiflung, die eine solche Feststellung verursacht, ist bedauerlich. Wenn eine Heilung noch möglich ist, schadet dieser Urteilsspruch.

Der Heiler sei niemals zu optimistisch, aber auch nie pessimistisch. Immer bemühe er sich, Vertrauen durch Ruhe und Zuversicht zu übertragen.

Viele Patienten leben in ihren Gebrechen. Was sie durch Jahre erlitten, speichern sie in ihrem Gemüt auf. Sie sprechen gerne eingehendst darüber und bemitleiden sich. Einige davon sind mit ihren Leiden glücklicher als ohne sie. Die Aufgabe des Heilers ist zu heilen, und deshalb soll er den Patienten ruhig reden lassen. Dann stellt er fest, wie weit das Leiden vorgeschritten ist, in manchen Fällen handelt es sich nur um die innere Haltung des Kranken.

Der Heiler sei mit diesen schwierigen Leuten sehr geduldig. Es ist besser, sich zuerst mit den Patienten zu vereinbaren, als sie barsch zu behandeln. Durch wegwischende Heilungsstriche (psychologisch gegeben) führt er die Entspannung herbei, und durch beruhigendes Sprechen gibt er dem Patienten Trost und Zuversicht. Wenn er dem Patienten die Schmerzen fortnimmt und ihm damit zeigt, daß er nicht mehr geplagt werde, kommt dieser auf den Weg der Besserung. Gewohnheiten wirken auf Körper und Gemüt. Erwartet der Patient Anfälle zu bestimmter Zeit, muß der Heiler ihm versichern, daß sie überhaupt nicht zu kommen bräuchten. Bei erwarteten Anfällen ist das Behandlungsverfahren zu ändern, so daß diese Erwartung durch die neue Beschäftigung verschwindet, dann kommt der Anfall nicht. Der Heiler kann sich an den gesunden Menschenverstand der meisten Patienten wenden und ihnen erläutern, wenn man nicht darauf warte, kämen auch keine Störungen.

Jeder Fall sollte individuell behandelt werden. Für die Heilungen gibt es keinen festen Plan oder ein Muster. Man sollte einen Wandel im Gemüt des Patienten anstreben. Wenn dies gelingt, schwinden die Krankheiten.

Dann gibt es Patienten, die durch Schock, Sorgen und Widerwärtigkeiten beinahe einen Nervenzusammenbruch erlitten haben oder sich gerade von einem solchen erholen. Andere Patienten haben ihr Selbstvertrauen verloren, andere wieder haben kein geistiges Gleichgewicht. Hierüber wollen wir im Kapitel über Gemütsheilung reden. Aber alle diese Fälle müssen psychologisch sorgfältig erwogen werden, mündlich oder bei der Fernheilung schriftlich. Eine Phrase oder ein Wort, das nicht am richtigen Platze ist, kann sehr schaden.

Um dem Patienten näher zu kommen, muß der Heiler dessen inneres Wesen verstehen. Wir müssen berücksichtigen, was wir über die beiden Gemütsebenen wissen und den auf das innere Selbst geübten Einfluß zuleiten, wobei die psychische Gemütsebene mithilft. Die Heilungsführer sind dabei und sie hauptsächlich, bewirken die Heilung.

Zur Zusammenfassung dieses Kapitels:

Der Heiler sei sicher, dank dem Heilungsführer die stärkere Persönlichkeit zu sein; er ist das Rohr, durch das die Heilung fließt, und immer sollte er dies Vertrauen durch sich strahlen lassen.

16

Vibrationen — Schwingungen

Das Wort „Vibration" wird häufig bei Gesprächen über Heilungen und Psyche erwähnt, aber man versteht vielleicht kein Wort weniger und verwendet kein Wort häufiger als dieses, um Unwissenheit zu verbergen.

Alle Materie ist aus Atomen aufgebaut. Jedes Atom ist gebannte Energie; es hat seine eigene Energie und enthält geregelte Bewegung. Von diesen Bewegungen der Energie kam man auf das Wort „Schwingung", um damit zu zeigen, daß alle Materie schwinge.

Wir gehen einen Schritt weiter und behaupten, die Energie im Atom sind Ätherschwingungen, also Äther-Kraft.

Da alle Materie aus Atomen aufgebaut ist, auch unsere Körper, gelten für uns die Gesetze der Atomschwingung.

Die Energie bildenden Kräfte im Atom sind selbst Äther-Schwingungen. Aus dem Äther-Kraftfeld, das die Geistoperateure im Sitzungsraum erschaffen, entstehen aus Atomen aufgebaute psychische „Gebilde", diese dienen zur Materialisation der Seelen, die ihre Existenz nicht mehr auf unserer Erde haben.

Bei Apporten in den Sitzungsraum wird die Schwingung des Gegenstandes so verändert, daß die physikalischen Gesetze nicht mehr gelten. Es ist bewiesen, daß Geistwesen die Schwingung der Materie verändern können. Das erklärt uns, wie die Heilungen vor sich gehen. Die Schwingungsänderung ist die Verbindung des geistigen Reichs mit der Welt der Materie.

Die Heilungskräfte, mit denen die Geistheiler arbeiten, sind auch Schwingungen, sonst gäbe es keinen harmonischen Kontakt, um die Störungen innerhalb des Körpers zu überwinden.

Sind die Nerven entzündet oder geschwächt, sind Gewebe erkrankt oder ist der Körper in Unruhe, dann ist dies den Atomschwingungen zuzuschreiben. Dies ist das ABC der Geistheilung.

Man hat gelernt wie Chemikalien durch verschiedene Temperaturen und anderer Elemente zu verändern sind. Jetzt benützt man die Atom-Eigenschaften zur Herstellung radioaktiver Stoffe, von „Atom-Energie" und erzielt Explosionen und andere chemische Reaktionen. Die höher stehenden Geistführer können auch Veränderungen bewirken, indem sie krankes Gewebe oder kranke Stoffe überhaupt entfernen.

Wir begreifen den Wandel in der physischen Atom-Struktur kranker Gewebe. Ein Krebs oder ein anderes Gewächs kann durch Änderung seines Atomaufbaus beseitigt werden, und die aufbauenden Kräfte werden in ihren ursprünglichen Ätherzustand zurückgeführt.

Wir fühlen nur eine eng begrenzte Reihe der bekannten physikalischen Schwingungen. Wir sprechen nur auf eine begrenzte Reihe der Schallwellen und auf eine kleine Reihe der Lichtwellen an. Man kennt Schwingungen, die der Mensch bisher nicht aufnehmen konnte. Unter den Bildern dieses Buches ist die kennzeichnende Wiedergabe einer der Wissenschaft ganz unbekannten Energie. Ähnliche Fotografien hat man aus allen Teilen der Welt. Sie haben gemeinsame Merkmale bestimmter Energieformen. Diese Fotografien werden nur in Seance-Räumen erhalten oder in Gegenwart eines Mediums. Heute weigern sich die Wissenschaftler, sie ernsthaft anzusehen, wahrscheinlich weil sie sie nicht verstehen.

Die Tatsache bleibt bestehen, daß diese „unbekannte" psychische Energie besteht. Es steht außer Frage, daß sie eine Art Vibration ist. Wenn wir jedoch durch eine Fotographie die Existenz einer psychischen Energie zeigen können, dann sollte der Weg klar sein, um die Wirklichkeit verbessernder Heilungs-Vibrationen anzunehmen.

Wir folgern weiter. Einen disharmonischen Atomzustand zur Gesundung zu führen, sind subtile gesetzmäßige Kräfte nötig; eine besondere Heilungsschwingung schafft Abhilfe.

Dieselbe Beschaffenheit der Heilschwingung oder Heilkraft wäre nötig, um ähnlich gelagerte Fälle zu heilen.

Welcher Heiler oder welcher Heilungsführer eine Heilung bewirkt, ist gleichgültig; es ist dieselbe Heilungskraft nötig, um eine bestimmte Krankheit zu überwinden.

Offenbar haben die Heilungsführer keine besonderen eigenen Heilungskräfte, wie es zuweilen behauptet wird. Wenn es so wäre, gäbe es keine angeforderten Heilungen und keine Gesetzmäßigkeit im Leben. Wir betonen, um bestimmte Krankheiten zu heilen, muß die entsprechende Kraft angewandt werden, gleichgültig, wer der Heiler oder Führer ist.

Diese Feststellung führt zu einem anderen Mißverständnis. Es war seiner Zeit üblich, daß ein Patient zu mehr als einem Heiler ging. Die Schwingungen kreuzten sich und brachten keinen Erfolg.

Überlieferte Praxis gibt es bei den meisten Bewegungen, wir finden sie auch bei der Geistheilung. Der Grund ist vielleicht, daß die Heilungen so lange geheimnisvoll waren und unbewiesene Ideen als Wahrheiten angenommen und überliefert wurden.

Man sagt auch, daß, wenn die Heilung nicht wunschgemäß komme, daß die verschiedenen Schwingungen des Patienten und des Heilers oder beider und des Heilungsführer schuld seien. Dann sollte der Heiler gewechselt werden.

Dies kann auch zu der Vorstellung beigetragen haben, daß kein Patient sich von mehr als einem Heiler in Person oder durch Fernheilung behandeln lassen solle; wegen der abweichenden Schwingungen von Patienten, Heilern und Führern.

Wir wollen den Heilungsvorgang auf eine einfache Formel zurückführen. Eine Heilung hat ihren Zweck erreicht, wenn der richtige Grad der Heilungskraft bei einem bestimmten Zustand angewandt wird. Dieser bestimmte Zustand läßt nur den genauen Grad der Heilungskraft zu; gleichgültig wer der Heiler oder Führer ist. Deshalb steht der Heilungsvorgang über der persönlichen Schwingung der Operateure, ob sie nun inkarniert sind oder nicht.

Bei der Kontaktheilung unter Trance weiß der jenseitige Führer vielleicht nicht genau darüber Bescheid, wie die Heilungskräfte für alle Krankheiten anzuwenden sind. Er mag bei einigen Erfahrungen haben, bei anderen aber nicht.

Kein menschlicher Geist kann die ganze medizinische Wissenschaft überblicken, wir haben deshalb Spezialisten. Logischerweise können wir daher annehmen, daß kein Geist die ganze Anordnung der metaphysischen Kräfte beherrschen könne und wisse, wie sie für die körperlichen Zustände anzuwenden seien.

Daher ist kein Grund vorhanden, weshalb ein Patient eine Heilung nicht von mehr als einem Heiler empfangen könne. Was er von dem einen nicht erhalten kann, kann er von einem anderen bekommen. Wenn die Kraft „X" nötig ist, um die Krankheit „Y" zu überwinden, ist es gleichgültig, wer der Heiler oder Führer ist, denn die Kraft „X" ist immer nötig, um das Leiden »Y" zu überwinden.

Wir haben alle menschliche Schwächen. Es ist verständlich, daß wenn ein Patient mehr als einen Heiler aufsucht, keiner sagen kann, geheilt zu haben. Was macht das aus? Leider ist die menschliche Schwäche stärker.

Es würde alles umstoßen, was wir je erfuhren, wenn wir meinten, Geistführer „A" wolle einem Kranken nicht helfen, der zu dem Heilmedium des Geistes „B" gehe.

Bei der Fernheilung wird die Bevorzugung eines bestimmten Patienten durch einen bestimmten Heiler noch hinfälliger, denn dann kommt die Heilungskraft direkt von den Geistdoktoren zu dem Geistselbst des Patienten. Die persönlichen Schwingungen des Heilers spielen nicht mit.

Wenn eine Heilergruppe entweder für eine persönliche oder Fernheilung zusammenarbeitet, wie es oft vorteilhaft geschieht, sollen sie harmonisch verbunden sein.

Wenn eine Zahl verschieden gearteter Personen sich für gemeinsame Heilungen vereinigt, wird der Einwand der gekreuzten Schwingungen entkräftet.

Viele Heilungen fanden statt, wenn mit anderen zusammen sowohl für persönliche – wie für Fernheilung gearbeitet wurde. Und bisher gab es dabei keinen Fehlschlag.

Während öffentlicher Heilungsvorführungen vor großer Hörerschaft erbitten wir von allen Anwesenden Sympathie-Hilfe.

Es ist wohl den gemeinsamen Anstrengungen zuzuschreiben, daß ersehnte Heilungen eintraten.

Mitunter fühlte ein Heiler, daß er nicht genug Sympathie für den Patienten hatte. Wenn an der Theorie von „überkreuzten" Schwingungen etwas Wahres wäre, würde sie gewiß hier zutage treten, aber es ist kennzeichnend, daß bei solchen Gelegenheiten größere Heilungen vorkamen.

Laßt uns alle bei Heilungen mitarbeiten. Da in den geistigen Bereichen gemeinsam gewirkt wird, wollen wir es auch hier tun. Es ist ein glücklicher

Gedanke, daß die Heilungsführer harmonisch zusammenarbeiten, und von diesen hehren Geistwesen sollten wir lernen. Da wir glauben, daß alle Dinge schwingen, auch bei der Heilung, wollen wir mit dem Wort „Schwingung" sparsam umgehen, seine Bedeutung liegt nur im Theoretischen. Sonst hat es keine besondere Bedeutung.

17

Weshalb schlagen einige Heilungen fehl?

Vielleicht ist diese Frage am schwersten zu beantworten und für den Anfänger die schwierigste Aufgabe.

Wie kommt es, daß ein Leiden geheilt wird und das andere, anscheinend gleichartige unverändert bleibt?

Bei einem Baby mit entstellten Füßen wird das eine geheilt, das andere nicht. Es mutet noch seltsamer an, wenn ein chronisches Leiden sich bessert, aber eine gleichgeartete, viel leichtere Beschwerde unverändert bleibt.

Darauf gibt es natürlich keine Antwort. Für bestimmte Fälle können wir Wahrscheinlichkeitsgründe vorbringen, und das ist alles.

Wir wollen nochmals nach einer einfachen Formel arbeiten; weil wir in einer körperlichen Welt leben, müssen wir uns immer zuerst mit den Gesetzen der Physik befassen. Wenn wir unsere Hand in das Feuer halten, wird sie verbrannt. Wenn wir kalt und naß werden, holen wir uns wahrscheinlich eine Erkältung. Wenn Schmutz in eine Wunde gelangt, wird sie septisch werden. Wenn wir uns im Leben nicht klug benehmen, müssen wir leiden. Bei einer Heilung überwinden die geeigneten Kräfte die schlechten Folgen unguter Lebensführung.

Heilungen sind wie ein Kampf der Heilkraft gegen die körperlichen Spannungen. Wenn die Heilungskräfte die Oberhand gewinnen, verschwinden die Beschwerden. Da der Heiler nicht selbst heilt, tadle er sich bei Mißerfolgen nicht.

Sind chronische Leiden zu weit vorgeschritten oder die Genesungskräfte des Patienten zu gering, dann kommt keine völlige Heilung zustande.

Rheumaartige Arthritis kann Entstellungen bewirkt haben, z.B. zusammengewachsene Gelenke. Bei so weit vorgeschrittenen Entstellungen verlängert sich die Heilbehandlung und scheint manchmal wenig zu nützen wie z.B. bei steifer Hüfte oder steifem Knie.

Durch die Heilung ändert sich der Zustand nur allmählich, und manchmal kommt uns der Tod zuvor. Wir sehen dies z.B. bei Krebs und anderen Gewächsen. Die Heilungskräfte können die Geschwulst verteilen, aber das Gewächs wächst schneller, als es verteilt wird oder andere Krankheiten kommen dazu und verhindern die Auflösung des Gewächses.

Geistige Heilung bleibt innerhalb des Rahmens der Naturgesetze. Geistheilungen können nicht verjüngen. Mit dem Alter kommt die Greisenhaftigkeit. Wenn auch die Heilung den geschwächten Körper in bester Verfassung erhält oder ihm sonstwie hilft, kommt die Jugendfrische nicht wieder, das wäre entgegen dem Gesetz des Alterns und Absterbens.

Ein Patient lebt vielleicht nicht aus eigener Schuld ungesund, z.B. ein Rheumatiker in feuchten Räumen. Eine Mutter, die Ruhe braucht, muß über ihre Kräfte arbeiten. Ein Mensch mit schwachen Augen muß bei seiner Beschäftigung dauernd die Augen überanstrengen. Auf diese Leute wirkt geistige Heilung, und man kann Gutes erreichen, aber ihre Lebensweise vernichtet es wieder. Wir müssen immer zuerst die körperlichen Schwächen behandeln.

Dann gibt es den Patienten, der sich nicht selbst helfen will. Bei vielen Krankheiten, Arthritis z.B. ist eine dauernde Behandlung notwendig. Wenn der Patient sich seiner Krankheit überläßt und selbst keine Anstrengungen macht, um zu genesen, so ist nicht der Heiler schuld.

Nach Operationen, bei denen die normalen Körperfunktionen unterbrochen wurden, wie Augenoperationen und steifen Gelenken, kann auch die Geistheilung den normalen Zustand nicht mehr herstellen.

Ein Patient mag gut auf die Geistheilung ansprechen. Wenn ihm aber eine ärztliche Behandlung eingeredet wird, die ihm schadet, dann wird die schon erreichte gute Wirkung zunichte.

Bei der Fernheilung mag der Patient ein- oder zweimal schreiben; wenn er es aber versäumt, die Verbindung mit dem Heiler aufrecht zuerhalten, ist dies ein weiterer triftiger Grund, weshalb die Heilung nicht fortschreitet.

Die Geistheiler sind nicht allmächtig. Sie können nicht einfach die universalen Gesetze überspringen. Wenn sie es könnten, hätten sie Macht über Leben und Tod, und dieser Umstand muß berücksichtigt werden. Bei schwerwiegenden Krankheiten tun die Geistdoktoren alles, was sie können, sie verschaffen dem Körper Erleichterung, dem Gemüt Frieden und leisten in jeder Weise Beistand.

Ein weiterer Grund kann sein, daß die Disharmonie derart tief im Geist-Selbst verwurzelt ist, daß dieses auf den Körper nicht normal wirkt und umgekehrt.

Mitunter gehören die aus Drüsenstörungen entstehenden Disharmonien – als erbliche Veranlagung – zur wahren Natur des Betreffenden. Der Leser versteht leicht, weshalb solche Zustände schwer zu beheben sind. Die Heilungsführer jedoch bringen eine Besserung soweit zustande, wie es unter den vorliegenden Umständen möglich ist.

Oft sieht man, daß bei Bitte um Heilungen, z.B. bei Taubheit oder einem anderen örtlichen Leiden, dies nicht verschwindet, jedoch andere Leiden sich bessern. Die Taubheit mag nicht weichen, aber die allgemeine Gesundheit und das Lebensgefühl werden gehoben; trotzdem sieht man die Heilung als fehlgeschlagen an, weil die Taubheit blieb.

Am Mißlingen der Heilung ist nicht der Heiler schuld oder verantwortlich, wenn er sein Bestes getan hat. Er kann es nicht entscheiden.

Er erlebt, daß seine Familienangehörigen weiter leiden, während Freunde geheilt werden. Er muß lernen, sich damit abzufinden, aber niemals sollte er an den Geist-Heilungskräften zweifeln. Man beurteile Heilungen nur nach dem Erfolg. Bei den meisten Patienten kann die Schulmedizin nichts mehr tun. Gewöhnlich haben die Ärzte ihnen jedwede Behandlung zukommen lassen und gesagt, daß nun nichts mehr zu machen sei. Wenn man nur bei einem von diesen Kranken Erfolg hat, ist die ganze Ausbildung der Mühe wert gewesen.

Weil wir die Geistheilung und ihre Grenzen nicht ganz kennen, gibt es auf dieses Problem keine eindeutige Antwort.

Jeder Fall steht für sich. Der Patient ist für die Heilungsstrahlen auf seine Weise empfänglich; der Erfolg oder scheinbare Mißerfolg hängt von seinem Verhalten ab.

Wir weisen darauf hin, daß wir nach einer Heilungsperiode mit kaum merklichem Fortschritt nicht bestimmen können, wie es dem Patienten ohne diese Hilfe ergehen würde.

Krankheiten und Schmerzen könnten schlimmer geworden sein. Der Heiler tadle sich und die Führer nicht wegen des Fehlschlages.

Es kommt oft vor, daß die Führer die Ursache der Krankheit beheben, aber die Krankheitsfolgen sind schon im Körper, oder der Patient hat sich daran gewöhnt. Das bezieht sich besonders auf geistige Ursachen.

Wenn das Wachbewußtsein die gemachten Erfahrungen festhält, besonders bei Beklemmungen oder Angstzuständen, dann liegt die Schuld nicht beim Führer oder Heiler, sondern beim Patienten.

Wir fassen dieses Kapitel zusammen: Es ist richtig, Heilungen finden statt, wenn die Bedingungen den physikalischen und metaphysischen Gesetzen entsprechen, genügend Zeit vorausgesetzt.

Ferner muß der Patient vernünftig leben, an der Heilung mitwirken und die Ratschläge des Heilers befolgen. Kann ein Arzt einem Patienten nicht mehr helfen oder macht er sogar schwere Fehler, so bekommt er doch seine Bezahlung.

Wenn die Heilungsführer eine Heilung bewirken, wollen wir ihnen danken. Wenn sie es nicht können, wollen wir ihnen ebenso danken, denn wir wissen, daß der Erfolg trotz ihrer Anstrengungen nicht eintrat, und wir ehren sie umso mehr.

18

Zusammenarbeit mit der Schulmedizin

Heiler stoßen oft auf eine Streitfrage: „Ist es ratsam, daß sich ein Patient während der Geistbehandlung von einem Arzt behandeln läßt?" Auch werden die Heiler oft gefragt, ob man den Patienten operieren lassen solle? Darauf einen Rat zu geben, ist äußerst verantwortungsvoll, man sei daher sehr vorsichtig.

Zuweilen haben Heiler und Patient die übertriebene Auffassung, daß man sich nur auf Geistheilung verlassen solle und ärztliche Ansichten und Behandlungen abzulehnen seien. Das ist bei einigen Patienten zu vertreten.

Der chronisch Kranke war vielleicht lange im Spital unter angreifender Behandlung, vielleicht ohne Nutzen, er glaubt nicht mehr daran und will nichts mehr davon wissen.

Andere wissen von der Kraft der Geistheilung, sie vertrauen so sehr darauf, daß sie alles andere verwerfen. Einige lassen sich nicht operieren, weil sie sich davor fürchten. Diese Leute ziehen die Linie des geringsten Widerstands vor, indem sie sich ganz auf die Geistheilung verlassen.

Die Lage ist heikel und verwickelt.

Wir wollen das Problem auf die einfachste Form zurückführen. Dem Menschen ist es gegeben, Wissen zu erwerben. Ärzte haben sich auf die Krankheiten spezialisiert. Die Medizin ist eine große Wissenschaft. Nur ein Narr leugnet es. Ihre Hilfe abzulehnen, ist unklug.

Sofern wir uns selbst helfen können, tun wir es natürlich. Bei Verstopfung nehmen wir ein Abführmittel und gehen nicht zu einem Geistheiler. Bei Wunden legt man antiseptische Verbände an.

1.) Jeder hilft sich grundsätzlich, wo er kann,

2.) er geht zum Arzt

3.) und wendet alles an, was Gott uns an Kenntnissen zukommen läßt.

Zweifellos hat die Chirurgie viele Menschen gerettet und Elend beseitigt.

Dennoch ist es verständlich, daß man Operationen fürchtet. Doch erkennt jeder die Leistungen der Chirurgie an.

Man darf die Medizin nicht tadeln, weil Ärzte gelegentlich falsche Diagnosen gestellt und Fehlbehandlungen durchgeführt haben. Wegen gelegentlicher Versehen sollte man die Chirurgie nicht verwerfen, z.B. wenn ein Nerv durchtrennt wird und Lähmung folgt. Weise angewandte medizinische Behandlung ist segensreich. Das Ideale ist das Wirken des Arztes mit Hilfe der Geist-Doktoren.

Heilpraktiker haben oft mit „unheilbaren" Krankheiten zu tun, einige rühren von Fehlern des Arztes her und darum sagt man, Geistheiler leben von den „Fehlern der Ärzte", – trotzdem sollen sie den Sinn für die Wirklichkeit nicht verlieren und nicht die ganze Schulmedizin verurteilen.

Macht ein Arzt einen Fehler und stirbt der Patient oder wird lebenslang ein Krüppel, ehrt man ihn noch immer in seinem Beruf und bezahlt seinen verhängnisvollen Fehler. Hat ein Heiler etwas angeordnet, was nach Meinung anderer die Heilung verzögerte, dann wird er getadelt und kann unter Umständen gesetzlich bestraft werden. Die Kirche, die Schulmedizin und das Gesetz schützen den Heiler nicht. Der Befund lautet bei der Rechtssprechung bei einem Doktor: „Mißgriff", bei einem Heiler „Totschlag".

Zuweilen stellen Patienten an einen Heilpraktikanten die direkte Frage: „Die Ärzte raten zu einer sofortigen Operation; soll ich mich dazu entschließen?" Der Heiler überlege seine Antwort sorgfältig.

Gewöhnlich sagt man, da die Geistheilung bestrebt ist, Operationen zu vermeiden, es sei nicht Sache des Heilers zu- oder abzuraten, aber wenn operiert werde, helfe die Fürbitte am wirksamsten mit. Das ist keine leere Behauptung.

Zahllos sind die Beweise für den außerordentlichen Segen, der den Patienten nach Operationen zuteil wurde. Bemerkungen wie „der Chirurg ist über meine schnelle Genesung erstaunt, wir wissen nicht, woher er die Kräfte bekommen hat", und manche andere beweisen die große Hilfe der Geistheilung.

Mitunter muß der Heiler auf Feindseligkeiten seitens der Schulmedizin gefaßt sein, obwohl es allmählich besser wird. Die oberste Gesundheistbehörde in England hat die Geistheilung schon anerkannt und ihre Bereitwilligkeit kund gegeben, mit der „Anglikanischen Kirche" zusammenzuarbeiten, die – vor kurzem – Heilungspriester einsetzte.

Ein Priester wird gemäß den Glaubensvorschriften des „Händeauflegens" ausgebildet. Wenn man ihn fragt, weshalb er seine Hände nicht auf den erkrankten Körperteil lege, sagt er: „Die Kirchenvorschrift läßt es nicht zu, aber nach dem Gottesdienst nehme ich die Leute in meine Sakristei und gebe ihnen wirkliche Heilung."

Sehr viele Ärzte schicken ihre Patienten zum Geistheiler. Viele von ihnen empfangen für sich selbst Geistheilung oder bitten darum für ihre Verwandten.

Eine bessere Zusammenarbeit beider Heilungsarten wird sehr nützlich sein. Wenn die Heiler hier vernünftig vorgehen, so wird der gesunde Menschenverstand die Sache fördern.

Die meisten Patienten sagen ihren Ärzten nicht, daß sie Geistheilung empfangen, sie wollen sich nicht lächerlich machen. Wenn sie es erzählt hatten, wurden sie angefahren und gescholten, aber jetzt spötteln die Ärzte meistens nicht mehr, sondern zeigen Verständnis.

Heiler müssen sich nach der menschlichen Eigenart richten. Die Doktoren wissen nur zu gut, wie oft die Patienten aus Furcht die volle Wahrheit oder die ganzen Symptome verheimlichen.

Die richtige Behandlung wird daher zu lange hinaus geschoben und die Krankheit wird chronisch. Nichts destoweniger sollten die Heiler, wenn nötig, ihren Patienten anraten, die Meinung eines Mediziners zu hören.

Wir erinnern: wie sehr wir auch den Heilungsführern vertrauen, sie sind nicht allmächtig; die Gesetze des Universums gelten auch für sie.

Wir fassen zusammen:

Man darf die Mitarbeit der Schulmedizin nicht einseitig beurteilen. Unser menschliches Wissen ist unsere Hilfe. Fehler der Schulmedizin sollen uns nicht zu Vorurteilen veranlassen. Zusammenarbeit beider Heilungsarten ist das anzustrebende Ideal.

Jeder Rat hinsichtlich Operationen sollte vorher sorgfältig überlegt werden.

Bleiben wir dabei: im Lauf der Zeit hat man die Medizin bis auf den heutigen Stand gebracht; man wird die unendlichen Möglichkeiten erkennen müssen, die sich dann ergeben, wenn die geschicktesten Wissenschaftler, Ärzte und andere mit hohen nicht inkarnierten Wesenheiten zusammenarbeiten; das daraus hervorgehende Wissen wird dem Fortschritt und dem Gedeihen der Menschheit dienen.

EINFÜHRUNG IN DIE BEHANDLUNG

(Vorwort zu Kapitel 19)

Beim Heilen möchte der Mensch gern eine größere Rolle spielen. Das Heilen kommt jedoch gar nicht durch irgend eine eigene Tätigkeit des Heilers zustande. Deswegen kann man auch gar keine Regel angeben, wie der Heiler eine vorkommende Krankheit heilen könne.

Da also der Heiler selbst nicht heilt, kann dieses Buch ihm auch nicht sagen, wie er's tun soll.

In den folgenden Kapiteln betrachten wir die menschlichen Leiden in weit umfassenden Gruppen. Es gibt viele Beschwerden, die außerhalb dieser Gruppierung bleiben.

Es ist praktischer, sie nicht alle einzuteilen und Ratschläge für ihre besondere Behandlung nicht zu verallgemeinern.

Findet der Leser, daß ein Patient an einer Krankheit leidet, die hier nicht erwähnt ist, so darf er daraus nicht folgern, daß man da nicht helfen könne.

Überhaupt gibt es gar keine menschliche Beschwerde, der nicht irgendwie durch die Geistkräfte abzuhelfen wäre.

Wir sagen es in vollem Vertrauen: Der Heiler sammelt Erfahrungen bei Behandlung der größeren Gruppen von Krankheiten; dadurch gewinnt er Zuversicht und intuitives Wissen, wie man Patienten bei Krankheiten, die in diesem Buch nicht genannt wurden, hilft.

In den folgenden Kapiteln versuchen wir aber, einige Ratschläge zu geben, wie der Heiler mit-wirken kann, damit die Heilkraft durch ihn fließt, und wie man die Patienten gewinnt, selber auch beizutragen. Wir geben auch Informationen auf Grund unserer Erfahrungen über Anzeichen, die während des Heilvorgangs zu beachten sind.

Diese Beobachtungen sind als dehnbar anzusehen, man stelle sie jeweils richtig nach der Eigenart des Patienten und der seiner Betreuer. Sie gelten als allgemeine Richtlinien.

Alle Heiler und ihre Heilungsführer sind Einzelpersönlichkeiten mit eigenen Methoden und Ideen. Trotzdem bringen wir in den folgenden Kapiteln

Anweisungen aus Erfahrungen, und wenn der Anfänger sie beherzigt, entwickelt er damit seine Heilbegabung.

Die Grundlage der Heilung ist die Kunst der Einstellung des Heilers auf den Patienten und auf die Heilungsführer, und wenn das gelungen ist, dann kommen die Erfolge.

19

Das Rückgrat

Das Rückgrat spielt bei vielen Leiden eine äußerst wichtige Rolle. Das Rückenmark ist in der Wirbelsäule, von hier laufen alle Nerven (außer den Kopfnerven) in die Körperteile. Für den Anfänger ist es gut, das Rückgrat und seine Funktionen zu studieren, wie jeder Wirbel sich zwischen seinen Nachbarn bewegt, daß die Bandscheiben zwischen ihnen liegen; wie der Hauptnervenstrang hervorkommt und wie die Nerven funktionieren. Ferner ist das Rückenmark tatsächlich ein Teil des Gehirns und steht mit ihm in unmittelbarer Verbindung. Man hat heraus gefunden, daß, wenn im Gehirn eine Störung ist, die auf das Rückenmark wirkende Heilbehandlung die kranke Stelle erreicht. Diese Kontaktmethode ist noch unmittelbarer, als wenn der Kopf direkt behandelt wird.

Es ist leicht einzusehen, die Kontaktheilungskraft erreicht den Sitz der Störung im Gehirn. Die Paralyse ist ein Beispiel; die Kraft gelangt durch das Rückenmark in das Zentrum unmittelbarer, als wenn die Hände des Heilers auf den Kopf selbst gelegt würden.

Viele unserer unscheinbaren organischen Erkrankungen sind weiter nichts als Störungen zwischen dem Tagesbewußtsein und dem Unterbewußtsein. Nervöse Gemütsspannungen können krampfartige Bewegungen verursachen und das Leiden verschlimmern. Dies sieht man besonders bei Paralyse, Parkinson's Krankheit und verwandten Leiden, verbreiteten Sklerosis, Arthritis, etc.

So ist das Rückgrat sehr eng mit vielen Leiden verbunden, und wenn man die Heilungskraft dahin lenkt, bewirkt sie oft Heilungen.

Bei bestimmten Leiden wird das Rückgrat unbeweglich, fest und steif und gibt den „Poker-Rücken". Dies sieht man bei Lähmungen. Dann verdicken sich die Wirbelgelenke und drücken auf die Nerven.

Heiler und Patient sitzen einander gegenüber; jener legt seine Finger auf das kranke Rückgrat und fühlt manchmal, daß es kaum beweglich ist. Der

Rumpf kann sich in der Mitte biegen, aber das Rückgrat kann sich nicht nach innen oder außen krümmen.

Die Beweglichkeit des Rückgrats ist oft der erste Schritt zur Genesung, und da das Rückgrat auf Fernheilung reagiert, kann durch Kontaktheilung die Beweglichkeit rascher erzielt werden.

Man soll keine Gewalt anwenden. Mitunter wird berichtet, daß ein Doktor oder Osteopath das Knie gebraucht, um das Rückgrat zu biegen. Das sollte kein Heiler machen.

Die Beweglichkeit des Rückgrats kann man ganz einfach wiederherstellen.

Heiler und Patient sitzen einander gegenüber, nahe genug, daß der Heiler den Patienten mit seinen Armen umfassen kann. Der Patient muß sich dann völlig entspannen, schlaff werden, „zusammensacken" und der Heiler muß sich davon überzeugen, bevor er weiter geht.

Bei allen Heilungen muß sich der Patient völlig entspannen. Es ist nutzlos, irgendwelche Manipulationen mit dem Körper des Patienten zu versuchen, wenn die Muskeln angespannt sind und noch schlimmer, wenn sie sich gegen die Bewegungen des Heilers stemmen.

Wenn der Patient völlig entspannt ist, legt der Heiler die Finger seiner „Kraft"-hand eng über den Wirbel zusammen, der wieder beweglich werden soll. Seine andere Hand liegt auf der Schulter des Patienten. Einige Augenblicke verbleibe der Heiler in dieser Haltung und lasse dadurch die „freimachende Kraft" auf die Wirbelverdickungen wirken.

Dann fordert er mit einem sanft drängenden Druck auf die Schulter den Patienten auf, den Rücken an der Stelle zu biegen, wo er die Finger gerade hält.

Wir erinnern daran, daß der Heiler ein verkrampftes Rückgrat nicht durch physischen Druck biegen kann. Zuerst kommt die Heilung, nachher beugt sich der Rücken leicht.

Dann nehme der Heiler den nächsten Wirbel vor und mache es ebenso, bis das ganze Rückgrat behandelt ist.

Sobald die Beweglichkeit zurückkehrt, kann der Rücken, wenn der Patient mithilft, vor- und rückwärts gebeugt werden. Der Heiler lege seine Finger seitlich zwischen zwei Wirbeln auf, und er beginne mit dem Patienten

Schwingübungen zu machen, um eine seitliche Bewegung zu erreichen. Dies bei jedem der Wirbel über das ganze Rückgrat.

Ist diese Bewegung erreicht, dann legt er zuletzt die Finger auf die befallenen Gelenke und fordert den Patienten auf, das Rückgrat auf jede Weise zu drehen, gerade dort, wo die Finger liegen. Man achte darauf, daß er nicht seinen ganzen Rumpf vom Sitz aus dreht, sondern nur, wo die Bewegung gewünscht wird.

Wieder einmal betonen wir, daß keine Gewalt nötig ist; wenn die Heilung eintritt, kommt die Beweglichkeit von selbst.

Nach vollzogener Heilung werden die Rückgratübungen fortgesetzt. Der Nacken wird ähnlich behandelt. Ein Finger zwischen zwei Halswirbeln, die andere Hand auf der Stirn, leichte und weitreichende Kopfbewegungen in jeder Richtung sind auszuführen; dasselbe bei jedem Halswirbel. Manchmal geht es leicht, manchmal schwerer.

Spondylitisfälle sind hartnäckig und erst nach mehreren Behandlungen kann der Rücken bewegt werden. Der Patient darf während dieser Behandlung keine Schmerzen verspüren. Schmerzen zeigen an, daß keine Heilung eingetreten ist, und das Unbehagen kommt von den körperlichen Anstrengungen des Heilers oder des Patienten.

Während der ganzen Behandlung bleibe der Heiler in inniger Geistverbindung mit Patient und Heilungsführern. Bei Harmonie gibt es keine Schmerzen und die Heilung tritt ein.

Geduld ist nötig, besonders beim Anfänger. Ein Patient, der lange Zeit einen steifen Rücken hatte, findet die neuen Bewegungen so seltsam, daß er ihnen bei Beugung des Rückens unwillkürlich widersteht; der Heiler wird aber durch sanften Nachdruck zurechtkommen.

Wenn die Elastizität wieder gekommen ist, muß sich der Patient selbst vor- und zurückbeugen. Wenn er das versucht, hilft ihm der Heller, indem er die Bewegungen nur soweit zuläßt, wie sie von selbst gehen können, ohne sie weiter zu zwingen. Ist der Rücken befreit und sind die Wirbelverdickungen beseitigt, so hört der Druck auf die herauskommenden Nerven auf. Viele Rumpf- und Gliederschmerzen kommen von diesem Druck. Oft hören die Schmerzen auf, wenn das Rückgrat frei geworden ist, weil die Ursache behoben wurde. Sind die Nerven befreit, funktionieren sie wieder, und es tritt wieder Wohlbefinden ein. Wenn das Ende des Rückgrats steif ist oder schmerzt oder Schmerzen ausstrahlt, lege der Heiler seine Hand fest darauf und beuge sich zurück; dabei halte er das übrige Rückgrat steif. Der Heiler passe auf, ob und wann dieser Teil des Rückgrats wieder elastisch wird.

Der Heiler soll für diese Behandlungen einen Assistenten haben. Dieser steht hinter dem Patienten: eine Hand lege er auf die freie Schulter und die andere über der Hand des Heilers auf das Rückgrat. Der Assistent leite sie keinesfalls selbst. Er hilft mit, ist aber nicht maßgebend.

Bei Rückgratsverkrümmungen muß man zuerst versuchen, das Rückgrat wieder elastisch zu machen. Zunächst lege der Heiler seine Finger außen an die seitliche Krümmung und mit der anderen Hand bewege er sanft den Körper dagegen, so daß das Rückgrat in seine richtige Lage kommt. Wieder darf keine Gewalt angewandt werden. Die Heilungsführer machen die Arbeit – nicht der Druck oder die Bewegung des Heilers. Wenn die Krümmung konvex ist, umfaßt der Heiler mit den Armen den Körper des Patienten und mit beiden Händen auf der Krümmung drückt er den Körper leicht zurück. Dabei preßt sich der Heiler eng an den Patienten und kann ihn mit Hilfe des eigenen Körpers bewegen.

Einfache Verkrümmungen können bei der ersten Behandlung weichen, aber in der Regel sind weitere Behandlungen notwendig. Nähere Anweisungen kann man nicht geben. Jeder Fall ist individuell. Die Anweisungen des Heilers sollen intuitiv kommen und nicht mit Vorbedacht.

Bei chronischen Verkrümmungen aller Art erinnern wir daran, daß der obere Rumpf (Rippen, etc.) und das Becken mit dem Rückgrat verbunden sind. Der Körper muß ganz langsam und allmählich gestreckt werden.

Wenn ein Wirbel aus der Reihe tritt, dann finden die feinfühligen Finger des Heilers leicht den Schaden. Zuerst muß man das Rückgrat elastisch bekommen und es dann leicht bewegen, dabei ruhen die Finger auf dem betroffenen Wirbel. Bei der Bewegung des Rückgrats geht der aus seiner Lage gekommene Wirbel wieder in die richtige Stellung zurück.

Es wird heute viel von „Bandscheibenschaden" gesprochen. Dies bezieht sich auf die Knorpelscheiben, die als Kissen zwischen den Wirbeln wirken. Das heilt man gewöhnlich auf die selbe Weise wie bei den schadhaften Gelenken.

Viele Beschwerden in den Armen kommen vom Hals und dem oberen Rückgrat. Bei allen diesen Fällen versuchen wir diese Körperteile wieder biegsam zu machen. Ähnlich verhält es sich bei gewissen Beinleiden. Wir wenden daher der Hüfte (Mitte) und dem unteren Ende des Rückgrats unsere Aufmerksamkeit zu.

Viele Körperschmerzen, z.B. „Gürtelschmerzen", kommen von einer Rückgratversteifung, diese bessern sich, wenn das Rückgrat behandelt wird. Um die Schmerz verursachenden Wirbel zu finden, zieht man eine Horizontale von der schmerzenden Stelle zum Rückgrat.

Hüftweh, Hexenschuß und ähnliche Krankheiten können gewöhnlich durch die Heilung des Rückgrats beseitigt werden.

Der Heiler sollte das größte Vertrauen zu diesen Behandlungen haben. Die ersten Versuche mögen dem Heiler seltsam vorkommen, aber er wird erleben, daß Heilungen leicht eintreten, Schmerzen vergehen und sich das Rückgrat leicht lockern läßt.

20

Geistesstörungen

Hierüber kann viel geschrieben werden. Wie schon gezeigt, entstehen verschiedene Krankheiten durch Störungen des Seelischen und des Geistigen. Einige treten zeitweilig auf und sind nicht leicht zu beheben, während andere tief sitzen. Extreme treten zu Tage bei zurückgebliebenen Kindern, einschließlich die mongolischen und Kretin-Typen, bei Wahnsinn, Besessenheit und alle Zustände geistiger Unruhe bis zu den leichteren Erkrankungen aus materiellen Sorgen, leichten Schocks und Störungen im Gefühlsleben, Verlust eines nahestehenden Menschen oder Liebeskummer.

Man kann nicht eine einzelne Heilbehandlung angeben, dem einen hilft es, dem anderen nicht. Wie schon gezeigt, spielen psychologische Einflüsse bei der Genesung eine wichtige Rolle.

Geisteskrankheiten können sich in vielen sonderbaren Ausbrüchen äußern. Doch gibt es einige wichtige allgemeine Richtlinien für die Geistheilung.

Wenn wir wissen, daß der Patient geistig beeinflußt werden kann, können wir ihm dadurch helfen.

Im körperlichen Lebensbereich können wir das Tagesbewußtsein beeinflussen, und wenn Körper und Geist zusammenarbeiten, ist völlige Harmonie zu erhoffen. Nehmen wir z.B. den einfachen Fall der Feindschaft zwischen Mann und Frau. So etwas muß wie eine Krankheit behandelt werden.

Die Eintracht wieder herzustellen, ist für den Heiler eine Aufgabe wie körperliche Schmerzen zu beheben. Solche Fälle verlaufen größtenteils erfolgreich.

Entweder ist es der Mann, der Hilfe sucht oder die Frau. Am Anfang ist es klar, daß nur der eine Teil sich zur Wiederherstellung der Harmonie um die Geistheilung bewirbt. Bereitwillige Mitarbeit eines der beiden Partner ist eine ganz außerordentliche Hilfe, und die Bitte zeigt an, daß der Geist selbst danach drängt.

Der Bittende will helfen, und der Heiler kann ihm (oder ihr) raten, dem

Partner gegenüber so fürsorglich und hilfreich wie möglich zu sein. Zornesausbrüche usw. beachte man nicht. Man mache Gesten, die Rücksichtsnahme zeigen. Wie schwer es auch zuerst sei, man strahle doch Lächeln und Glück aus. Ärger zeugt Ärger, Widerreden schütten Öl ins Feuer und die Kluft wächst. Ein verärgertes Gemüt kann gegen einen Glückszustand kaum aufkommen. All das zunächst ohne Zwang und Drängen, aber langsam steigernd.

Bei Fernheilung beeinflussen die Heilungsführer das Geist-Selbst des Patienten im beruhigendem Sinne. Dies wirkt auf das Tagesbewußtsein. Weil der Bittende auf diese Weise mitarbeitet, spricht das Tagesbewußtsein des Partners darauf an, und so wird die Harmonie wiederhergestellt.

Dies ist eine einfache Schilderung und kann auf viele andere mentale Störungen ausgedehnt werden.

Einige Patienten leiden an dauernden Angstzuständen. Häufig bilden sich Menschen ein, sie seien unsauber. Sie glauben, was sie auch immer anfassen, beschmutze ihre Hände(!), so waschen sie fortwährend ihre Hände.

Mündlich oder schriftlich zeigt der Heiler klar und überzeugend dem Tagesbewußtsein des Patienten, daß diese Angst völlig unbegründet sei. So ist es tatsächlich. Was den Handwasch-Komplex betrifft, weise man darauf hin, daß andere Leute mit dem selben Gegenstand umgingen, ohne solche Angste zu bekommen.

So wird das Tagesbewußtsein zum brauchbaren Bundesgenossen. Die Wurzel des Leidens liegt hier wohl im Geistigen. Durch die Fürbitte sind die Geistheiler über das Leiden im Bilde, so daß sie auf das Geistige wirken, dies beeinflußt das Tagesbewußtsein und so wird die Furcht allmählich überwunden und beseitigt. Man braucht nicht immer die Mitwirkung des Patienten oder eines dritten. Die Fernheilung allein ruft schon eine Gemütsveränderung hervor. Heilungen dieser Art werden größtenteils durch die Mitwirkung des Patienten oder seines Pflegers unterstützt.

Der regelmäßige Kontakt sollte mit diesen Patienten noch einige Zeit aufrechterhalten werden. Der Grund ist, daß das Unterbewußtsein noch immer an dem Erlebnis dieser Angst festhält und es möglich ist, daß die Angst zurückkehrt. In der Regel wird die Furcht allmählich, fortschreitend behoben. Der Patient findet es zum Beispiel nach und nach nicht mehr für nötig, sich so oft die Hände zu waschen. Vernunft und Gleichgewicht kehren zurück, und das Übel verschwindet.

Schwermut und Niedergeschlagenheit behandelt man in ähnlicher Weise, wobei die Einwirkung auf das Tagesbewußtsein dem Falle anzupassen ist. Zum Beispiel, wenn Schwermut davon kommt, daß man sich vor schlechter Gesundheit, Stellungsverlust, schlechten Geschäftsgang und dergl. fürchtet, dann kann man dem Patienten zeigen, daß er sich ohne Grund geängstigt habe, weil ja kein Schicksalsschlag eingetreten ist. Fordert man den Patienten auf, sich wieder deswegen zu ängstigen, kann er es oft nicht. Wir wenden uns nochmals an das Tagesbewußtsein, um den Grund zu finden, und dies ist der erste Schritt zur Genesung. Hat der Patient wirklich Sorgen, dann mache man ihm klar, daß die Kränkung darüber sie nicht löse und weiterhin Seele und Körper schade. Wir stellen ihm vor, daß sie überwunden würden und vergingen, daß Glück und Lebensfreude zurückkehren würden. Der Heiler sei immer sehr geduldig. Dies ist ihm möglich, wenn er dem Patienten voller Sympathie zuhört, wenn er seine Leiden schildert. Der Heiler darf ihn höchstens unterbrechen, um ihm zu zeigen, daß er ganz verstanden werde. Der Leidende werde zum Bundesgenossen. Hat der Heiler erkannt, daß ein Leiden vorhanden oder nicht vorhanden ist, dann spreche er mit dem Patienten freundlich, aber fest, doch immer positiv. Er bewirkt Entspannung, indem er über Kopf und Körper des Patienten lindernd und wegwischend streicht.

Es gibt viele, die an Niedergeschlagenheit leiden. Ohne Heilungshilfe kann das zu einem Nervenzusammenbruch führen.

Frauen verlieren mit ihren Kindern die Geduld, und ihr Heim wird ihnen zu einem Gefängnis, aus welchem sie entkommen möchten. Sie werden gewahr, daß dieses offenbar unmöglich ist, und ihr Zustand verschlimmert sich ständig. In solchen Fällen erleichtert es die Heilung, wenn der Ehemann oder ein Verwandter mithilft. Man nehme einen zeitweiligen Wechsel der Umgebung vor, Ferien oder Verwandtenbesuch. So wird für den Leidenden vorgesorgt, damit er seinem geistigen Gefängnis entkommt, indem er andere Menschen und andere Orte sieht.

Durch die aus geistigen Quellen kommende Beruhigung wird das aufgeregte Gemüt besänftigt, die Vernunft kehrt zurück, und der Patient sieht mit neuer Zuversicht in die Welt. Wir haben oft die Heilung der Krankheit nach einem solchen Verlauf erlebt.

Hindern die Umstände einen völligen Wechsel, dann gehe der Gatte oder Familienfreund öfters mit dem Patienten aus, mache mit ihm Landausflüge, Kinobesuche (mit heiteren Programmen), wirke in einem Verein oder anderen Gemeinschaften mit, mache Freundschaftsbesuche und so weiter und sorge so für neue Lebensinteressen. Sei dem Patienten ein wahrer Freund, wenn es möglich ist, die Heilungsführer helfen ihrerseits.

Epileptische und andere Anfälle sind häufige geistige Störungen, mit denen die Heiler zu tun haben. Für diese Kranken kann sowohl der Arzt als auch der Kontaktheiler nur wenig tun. Sie kommen in erster Linie für die Fernheilung in Frage. Wir raten dem Patienten, leichten Sinn zu bewahren und keine Anfälle zu erwarten. Der Patient soll überzeugt werden, daß keine Anfälle mehr kommen und wenn sie bei chronischen Fällen einträten, sie leicht seien.

Dies ist eins der Anzeichen, daß die Krankheit überwunden wird, denn die Anfälle werden allmählich schwächer und die Pausen zwischen ihnen länger, bis das Leiden ganz verschwindet. Die Eltern und Pfleger sollen es vermeiden, über die Anfälle zu sprechen, wenn der Patient es hören könnte und bei Anfällen sie in seiner Gegenwart nicht erörtern. Auch hier wieder gilt der Grundsatz, den Patienten zum Bundesgenossen zu gewinnen. Nervöse Störungen sind von rein mentalen Leiden schwer zu unterscheiden, sie sind oft eng miteinander verbunden. Dazu gehören Stottern (oft bei Männern) und Minderwertigkeitskomplexe. In Gesellschaft sind sie voller Besorgnisse und glauben, von anderen verachtet zu werden. Der Heiler wirke wieder positiv auf den Patienten. Wenn er stottert, findet man gewöhnlich, daß er allein sehr gut reden, lesen oder singen kann. Dadurch können wir den Patienten ermutigen, daß er's auch sonst könnte. Durch die Einschaltung der Geistheilung kehrt das Vertrauen zurück, es mag allmählich kommen, aber den Patienten ermuntere man, daß er sich darauf freuen und einstellen solle. Die endgültige Heilung kommt aus dem Geistigen, die Nerven werden beruhigt und das innere Gleichgewicht und die Sicherhcit kehren zurück.

Bei den Wahnsinnigen hängt der Erfolg von dem Grad ihres Zustandes ab. Für Patienten mit leichter Geistesstörung, z.B. bei Gleichgewichtsstörungen nach Schock oder Entbindung, ist die sichere Genesung zu erwarten. Wieder ist die Fernheilung die beste Methode. Wenn ein Patient zu Hause ist oder unter persönlicher Obhut, raten wir ab, mit ihm zu schelten, außer wenn es unbedingt nötig ist. Ausbrüche sollten nicht beachtet werden. Eher soll man den Patienten zu einem vernünftigen Benehmen führen als ihn dazu antreiben. Wenn der Patient sich gern mit etwas beschäftigt, dann ermutige man ihn dazu.

Sogar aufgegebene Patienten genasen durch Fernheilung und kehrten wieder in ihre Familie zurück. Krankenhausbehandlung hemmt häufig den Heilungsprozeß durch das Zusammensein mit den anderen Kranken und durch die Art der Behandlung.

Bei Besessenheiten, in welchen die Patienten sich verfolgt fühlen oder Stimmen hören (gewöhnlich schlüpfrige) oder schreckhafte Visionen oder Erscheinungen haben, können wir keine bestimmte Behandlung angeben. Am besten behandelt man sie durch ein geeignetes Medium, das darauf eingestellt ist.

Das mongoloide oder das blödsinnige Kind sind für den Heiler vielleicht das Traurigste. Diese Kinder scheinen zu einer eigenen Rasse zu gehören, denn sie haben gemeinsame Merkmale. Sie sind halsstarrig, eigenwillig und zerstörerisch. Sie spielen gern mit Wasser. Sie erfreuen sich an Musik, besonders am Swing oder rhythmischen Tönen. Mädchen neigen oft zu Liebeskomplexen. Haarwuchs kommt am Körper, am Rücken und an den Gliedern vor. Sie lieben helle Farben und Lichter. Ihre Natur ist primitiv und elementar. In der Regel brauchen sie einige Jahre, bis sie gehen lernen; und in den ersten Jahren ist das Gleichgewicht schlecht, und oft sieht man krampfhaft zuckende Bewegungen. Die Sprache ist arm, und manchmal sind die Sinne geschwächt. Der Schädelgrund ist gewöhnlich der Sitz des Leidens, hier ist das Kind empfindlich. Um diese Kinder zu heilen, ist große Geduld von den Eltern und dem Heiler erforderlich. Der Fortschritt hängt ab von der sorgfältigen Pflege, die man ihnen geben kann. Im Allgemeinen kann diesen Kindern geholfen werden, aber der Fortschritt ist stufenweise. Kontaktheilung hilft wenig, Fernheilung ist am Platz. Die Eltern mögen mitwirken, indem sie den Kindern Mut zusprechen. Der Fortschritt wird zunächst klein sein, Fühlen und Tun mögen zusammenwirken, damit persönliche Sauberkeit und Körperdisziplin erlangt werden. Durch barsche Behandlung erreicht man nichts, denn diese erzeugt Furcht in dem Gemüt der Kleinen. Das Ziel soll sein, Vertrauen und Vernunft aufzubauen.

Bildbetrachtung hilft diesen Kindern. Man sollte sie ermutigen, mit einfachen Spielsachen etwas anzufangen, wie kleine Gegenstände in eine Schachtel legen und sie wieder heraus zu nehmen. So wird in den Gemütern behutsam das Verständnis geweckt. Durch Wortlaute wollen die Kleinen die Gegenstände kennenlernen, z.B. Nahrung, Kleidung etc., dadurch erkennen sie die Dinge wieder und gewinnen Vertrauen. In der Regel sind diese Kinder sehr feinfühlend und liebevoll, und dies benützen wir, um sie, wenn sie es verdienen, zu belohnen. Die Seelen müssen geführt, nicht angetrieben werden.

Körperliche Übungen sollen täglich gemacht werden. Sie werden durch spielerische Übungen ergänzt, an denen das Kind große Freude hat. Z.B. Kreisbewegungen der Beine, sie müssen den Muskelwiderstand überwinden und bringen Seele und Körper in Verbindung. Die Beine müssen Spannkraft gewinnen, Muskeln und Nerven müssen sich vom Geist leiten lassen.

Bei vielen solchen Kindern gab es Fortschritte, daher sollen die Heiler bereitwillig diese Fälle übernehmen, wenn auch Monate, oder gar Jahre erforderlich sind. Auch wenn eine zeitlang kein Fortschritt zu sehen ist, sollte die Heilung doch fortgesetzt werden; der Erfolg kann kommen.

Bei krampfhaften Kopf- und Gliederbewegungen, Geifern und Zähneknirschen sind es die ersten Genesungsanzeichen, daß diese Symptome schwächer werden und schließlich ganz verschwinden. Wenn das Kind schwer einschläft, sollten die Eltern für sanfte, einschläfernde Musik sorgen, was dann gewöhnlich hilft.

Es wird dem Leser offenbar werden, daß bei allen Geistesstörungen der Arzt kaum helfen kann. Die Heilung kommt aus dem Geistigen. Wir helfen am besten, wenn wir uns mit dem Kind anfreunden, es soll sich auf die Besserung freuen, keine Furcht haben und nur Gutes erwarten.

Geistige Störungen werden oft leicht geheilt und kein Fall ist zu schlimm, als daß nicht geholfen werden könnte. Natürlich hängt viel von der häuslichen Umgebung ab, von der ihm erwiesenen Liebe und von der wirklichen Mitarbeit bei der Festigung des Gemüts. Jeder Fall muß für sich behandelt werden, mit Verständnis und der positiven Hilfe, die der Heiler durch Suggestion und Rat geben kann. Wenn dies geschehen ist, kann das Übrige den Heilungsführern überlassen werden. Sie helfen in der ihnen bekannten und vertrauten Weise.

21

Krebs und Gewächse

Auf diesem Gebiet hat die Geistheilung großen Erfolg zu verzeichnen. Man darf jedoch nicht von einer Bemühung um die Krebsheilung sprechen. Kuren können weder veröffentlicht noch besprochen werden; daher soll keine gedruckte oder geschriebene Feststellung von einer Krebsheilung bekannt gegeben werden. Jedoch wird das gesetzliche Verbot kaum beachtet.

Dieses Kapitel behandelt alle solche Gewächse wie Tumore, Krebs, Kropf, Fasergeschwulste (Fibron) Eitersäcke, etc.

Die Beobachtung vieler Fälle ergibt verschiedene Wege, auf denen die Heilungsführer diese Gewächse auflösen können.

Bei einem Gewächs im Darmgebiet trat nach der Anrufung der Geistheilung wiederholt eine ungewöhnlich schwere Entleerung ein, derart, daß sie nicht als gewöhnlicher Stuhlgang angesehen werden konnte. Nachher folgte eine unmittelbare Besserung, sogar bei Patienten, denen die Ärzte nur noch wenige Tage zu leben gegeben hatten. Die offenbare Folgerung: die Heilungsführer konnten durch unbekannte Mittel das Gewächs lösen und aus dem Körper schaffen. Dieser Vorgang wird gewöhnlich bemerkt.

Wenn der Heiler bei der Kontaktheilung das Gewächs mit den Händen fühlt und es behandelt, wird es stets beweglich, es verliert seinen „Ankerplatz", es wird flüssig und um die Ränder weich.

Wenn die Gewächse zu heilen begonnen haben, ist der übermäßige Schweißausbruch ein Zeichen der Auflösung. Der Patient schwitzt unter den Armen, in der Schamleiste und besonders an Händen und Füßen; mitunter so reichlich, daß die Stellen wund werden. Das dauert mitunter einige Tage, aber wenn das Schwitzen aufhört, ist gewöhnlich das Gewächs verschwunden.

Wenn die Bedingungen für die Kontaktheilung günstig sind, lösen sich die Gewächse in der Brust, im Kropf etc. unter der Heilungskraft, die aus den Fingern des Heilers kommt.

Viel wurde unter Heranziehung der psychologischen Wissenschaft geschrieben, um zu zeigen, daß die Geistoperateure Kräfte anwenden, um die Materie zu verändern. Wir sehen dies in dem Phänomen bei dem Apport von Gegenständen. Dabei wird der Gegenstand aus seiner physikalischen Beschaffenheit in einem anderen Zustand außerhalb der physikalischen Gesetze verwandelt. Beim Apport wird der Gegenstand in einem Augenblick an einen weit entfernten Platz gebracht, er wird nicht durch Reibung oder durch Hitze beschädigt; er wandert durch feste Wände und im Séanceraum wird er in seinem früheren physikalischen Zustand zurückverwandelt.

Dies kann mit verschiedenen Arten des Stoffes durchgeführt werden, z.B. mit dem lebenden Gewebe. Lebende Vögel und Fische sind schon so apportiert worden. Daher ist bewiesen, daß auch die fleischliche Materie auf diesem Weg verändert werden kann.

Die folgenden Auszüge aus einem Artikel in der Zeitschrift „Two Worlds" vom 11. Februar 1950, illustrierten diesen Punkt. Es ist freilich nicht ganz sicher, daß die Gewächse in diesen Fällen durch Apport beseitigt wurden, aber die Möglichkeit besteht. Zunächst gibt es keine andere greifbare Erklärung, abgesehen von der Theorie, daß die Gewächse aus dem Körper durch natürliche Funktionen entfernt würden, aber es fehlt an Beweisen.

Hier sind die Auszüge:

> Die in diesem Artikel beschriebenen Fälle sind hundert ähnlichen Briefen entnommen, die von der Entfernung von Krebs, Tumoren und anderen „Gewächsen" berichten, und die meisten der vorgekommenen Krebsbehandlungen sind das Ergebnis der Fernheilung.
>
> Ärzte geben unerwartete „Genesungen" zu, sie sehen sie als eine Zufallsheilung an. Aber wenn ein Heiler hunderte solche Genesungen bewirken kann, hebt er die Heilung aus dem Bereich des Zufalls in die Wirklichkeit.
>
> Der erste bekannte Fall handelt von einer Patientin. Frau P. wurde in das E ...... Cottage Hospital eingeliefert, sie litt an ernsten Unterleibsschmerzen. Sie wurde operiert, um eine Cyste an den Ovarien zu entfernen. Nach der Operation berichtete der Chirurg, daß Frau P. Darmkrebs hätte. Es gab praktisch keine Hoffnung für ihre Genesung, dennoch sollte eine zweite Operation gemacht werden.

Nun wurde Herr Edwards um Fernheilung gebeten. Schließlich wurde sie zum zweiten Mal operiert und der Bericht aus dem Laboratorium lautete, daß *keine Spur eines Krebsgewächses* vorhanden sei.

Der Freund schrieb später an Herrn Edwards, daß die einst hoffnungslose Patientin auf dem Wege der Besserung sei und ihre Heimkehr bald erwartet würde.

Die Meinung ihres Freundes über den ganzen Fall geht aus ihren eigenen Worten hervor:

„Ein erfahrener Chirurg operierte mich und stellte Darmkrebs fest; doch später wurde *keine Spur von einem Krebs* entdeckt. Es geschah inzwischen gar nichts, erst *nachher*, nachdem man um Fernheilung gebeten hatte. Meiner Meinung nach besteht kein Zweifel über den Grund der Verwirrung. „Geisthilfe" vollbrachte, was der Chirurg nicht hätte vollbringen können, nämlich die Entfernung des Krebses, *ohne eine einzige Spur zurück zu lassen*. Diese Tatsache war der Grund, weshalb die ursprüngliche Diagnose angezweifelt wurde."

Mr. J. von Middlesex wandte sich an Herrn Edwards um Hilfe für seine Frau. Sie stand vor der Aufnahme ins Hospital, um ein Krebsgewächs entfernen zu lassen. Nach zweiwöchiger Fernbehandlung war die Patientin das erste Mal seit fünf Jahren von Schmerzen befreit.

Frau J. ging später in ein West-Londoner Spital und wurde operiert, aber *es wurde kein Gewächs gefunden*, obwohl derselbe Arzt drei Monate früher unter Assistenz von fünf Studenten die Patientin untersucht und ein Gewächs von der Größe eines Golfballs an der rechten Ovarie festgestellt hatte. *Auch ein Röntgenbild bestätigte die Diagnose.*

Die Fern- und Kontaktheilung ist für die Heilung von Gewächsen als gleich gut befunden worden. Bei der Kontaktheilung tritt der Heiler mit dem Patienten in innigen Geistkontakt. Er legt die Hand auf das Geschwür und fühlt sie mit dem Patienten „*vereinigt*". Seine geistige Richtschnur ist „Auflösung". Die Finger bewegen sich sanft und „weglöschend" über das Gewächs. Man verliere keine Zeit und unterbreche den „Kontakt" nicht durch abschleudernde Striche. Der Leitgedanke für „Auflösung" sei ruhig aber anhaltend.

Es kann sein, daß eine Anzahl von Heilbehandlungen erforderlich sind, aber nach jeder sollte das Gewächs kleiner oder weicher werden. Die Größe des Gewächses kann während der Zeit der Behandlungen schwanken, aber der Heiler läßt sich hiervon nicht abhalten, denn die Schwankungen werden überwunden.

Ist ein Gewächs in der Brust, im Hals und im Unterleib, wird manchmal eine Menge Eiter erbrochen. Dies ist ein gutes Zeichen, daß sich das Gewächs auflöst.

Wegen der geltenden Gesetze muß sich der Heiler schützen, indem er bei schwierigen Krankheiten dem Patienten zu einer medizinischen Untersuchung rät.

Weil innere Gewächse schwer zu „fühlen" sind, ist es nicht leicht nach einer Behandlung festzustellen, ob eine Linderung eingetreten ist. Wenn jedoch die Symptome des Unbehagens weggehen, Schmerzen aufhören, die Flatulenz nachläßt und das Gewicht zunimmt, so zeigt dies eine beginnende Heilung an.

Die Auszüge aus der Zeitschrift „Two Worlds" zeigen, was wiederholt vorgekommen ist. Die Diagnose für den Patienten lautete: „Krebs", und eine Operation wurde angeraten. Wenn er oder seine Freunde dies erfuhren, wurde der Heiler dringendst entweder für eine Kontakt- oder Fernheilung gerufen. Er heilte den Patienten. Bei der Operation wurde kein Gewächs gefunden.

Beim Ausfließen des Eiters oder beim Schwinden schmerzvoller Symptome kann es nicht schaden, wenn der Heiler eine weitere Untersuchung empfiehlt, bevor die Operation endlich gemacht wird.

Es gibt vielleicht wenig Leiden, bei denen die Ärzte so oft ihre Diagnosen geändert haben wie bei geistgeheilten Krebspatienten. Die Ärzte verstehen nicht, wodurch der Wechsel eintrat und müssen daher ihre ursprünglichen Diagnosen ändern.

Unglücklicherweise wird der Heiler oft zu spät gerufen. Oft dann, wenn der Patient operiert wurde, und man einen nicht operierbaren Krebs fand oder wenn das Leiden so weit fortgeschritten war, daß nach Ansicht der Mediziner der Patient nur noch wenige Tage zu leben hatte.

Sogar in solchen extremen Fällen kamen Heilungen vor, aber nicht so häufig wie bei Gewächsen in ihren ersten Stadien.

Diese Schwierigkeit findet der Heiler bei vorgeschrittenen Fällen. Der Arzt glaubte fest, der Patient müsse sterben und hatte begonnen, Morphium oder andere Drogen zu verordnen. Ein Doktor sagte: „Der Patient muß sterben, also warum nicht durch Morphium?" Also, wenn auch Geistheilung möglich gewesen wäre, wird doch die fortdauernde Dosis Gift sie nicht nur verhindern, sondern zum Schluß tödlich wirken. Das Mittel soll den Schmerz lindern, aber wenn der Patient dank der Geistheilung keine Schmerzen mehr hat, kann man damit aufhören und die Geistheilung wirken lassen.

Bei fortgeschrittenen Fällen, wo keine Besserung eintreten kann, ist die Heilungsanstrengung mehr als der Mühe wert, denn sie kann dem Patienten noch auf andere Weise helfen. Befreiung von Schmerzen, tiefer Schlaf, oft ein guter Appetit, innerer Friede und ein sanftes Hinüberschlummern können damit erreicht werden.

Das Hinübergehen, frei von Spannung und Schmerzen, ist ein großer Segen und dies allein schon macht die Heilbehandlung empfehlenswert.

Cysten und fettige Tumore weichen nur allmählich. Sie verteilen sich nicht schnell, wie wir es bei Kröpfen und Krebsgeschwulsten sehen. Daher ist wieder Geduld nötig, sowohl vom Patienten als vom Heiler.

Gewöhnlich findet die Auflösung eines Gewächses durch Blutreinigung und Schweiß als auch durch Ausscheidungen statt. Der Patient sollte den Grundsätzen der Gesundheit folgen und die Gedärme freihalten. Sauberkeit, heiße Bäder und so weiter helfen dem Blut und den Ausscheidungssystemen bei der Mehrleistung.

Fernheilung wird für die Auflösung der Gewächse ebenso wirksam gefunden wie die Kontaktheilung, und man gebe sie zusätzlich immer, wenn persönliche Hilfe möglich ist.

22

Arthritis und Rheumatismus

Wir fassen bei dieser Krankheitsgruppe die verschiedenen Arten von Arthritis und Rheumatismus zusammen. Wir wiederholen, daß jeder Fall individuell behandelt werden muß. Es gibt einige Hauptrichtungen, die für alle Krankheitserscheinungen gelten. Viele Patienten leiden an diesen Krankheiten und mehr als die Hälfte davon bewerben sich um die Geistheilung. Die Krankheiten sind im Anfangsstadium schnell zu heilen. Chronische und tief sitzende Leiden brauchen eine längere Heilungszeit.

In der Regel hat der Heiler mit Patienten zu tun, die viele Jahre litten und die sich jeder denkbaren Behandlung, wie Injektionen, Strahlentherapie, Operationen etc. unterzogen haben. Für sie gibt es keine ärztliche Hilfe mehr, und man sagte ihnen, daß die Medizin nichts mehr für sie tun kann. In diesen extremen Fällen kann die Geistheilung helfen. Sie nimmt die Schmerzen, lockert feste Gelenke und baut das Gewebe wieder auf.

Die Hauptaufgabe der Heilung ist jedoch nicht, die Wirkung der Krankheit zu heilen, sondern die Ursache des Leidens zu entfernen.

Bei der Kontaktheilung ist daher die Diagnose wichtig. Leiden kommen von angegriffenen Nerven und aus dem Blut; Vergiftungen, Verstopfung oder andere Ursachen verdorbenen Blutes können Rheumatismus oder Arthritis erzeugen oder verschlimmern.

Massage, heiße Behandlung, Ölanwendung etc. geben Linderung, aber es sind nur Linderungen. Häufig wird die medizinische Behandlung nur auf die betroffene Stelle angewandt und dies ist nur mildernd. Wesentlich daher ist, daß die Ursache behandelt wird, und der Heiler, der eine Diagnose stellen kann, richte immer sein Augenmerk darauf.

Wenn er für die wirkliche Ursache keine Diagnose stellen kann, nehme er „innigsten" Geistkontakt mit dem Patienten, wie schon beschrieben, auf und lasse die Geistführer arbeiten. Bei der Fernheilung, durch die so viel Gutes für diese Leiden getan wurde, ist die Diagnose weniger wichtig. In den meisten Fällen wird die ganze Heilung durchgeführt, ohne daß es für den Heiler nötig wäre, den Ursprung des Leidens zu kennen.

Gewöhnlich, aber nicht in jedem Fall, liegt der Herd des Leidens in der Lumbar-Region des Rückgrats für die Hüfte und die Beine, und im Gebiet des Nackens für Schulter und Arme. Die wirkliche Ursache der Krankheit braucht dort nicht zu liegen, aber es sind die Zentren, von denen die Nerven ausgehen. Dies bezieht sich auf Arthritis und vor allem auf Osteo-Arthritis und rheumatische Arthritis.

Aus dem Rückgrat erkennt man gewöhnlich den Sitz der Krankheit. Da diese andererseits die Nerven angreift, die zwischen den Wirbeln hervorkommen, dehnt sich dieses Leiden bis zu den Gliedmaßen aus.

Im allgemeinen fühlt man die Starrheit des Rückgrats und deshalb sind Bewegungsübungen anzuwenden (siehe Kapitel 19). Die Steifheit des Rückgrats ist nicht so ernst wie bei anderen Leiden und der Lockerungsprozeß wird oft zur Genesung führen.

Wie schnell geheilt wird, hängt hauptsächlich von der Schwere der Krankheit ab. Wenn die Gelenke des Patienten ganz unbeweglich sind, ist eine längere Behandlung notwendig als bei versteiften Gelenken oder Gelenkschmerzen. Die Patienten denken manches Mal, daß sie nicht anderes zu tun hätten, als die Geistheiler ohne eigene Anstrengung arbeiten zu lassen, das ist unsinnig, besonders bei „schleichenden" Krankheiten wie Arthritis usw. Der Patient muß mithelfen durch freie Bewegungen und passive Massagen usw.

Berufsmassage ist natürlich die beste, aber sie darf nicht so stark sein und dabei Gewebe und Gelenke überspannen.

Kraftanwendung ist zu vermeiden. Anwendungen von Öl (Wintergrün) mit sanften sicheren Bewegungen zum Herz, und Kneten des Gewebes, kann beinahe jeder ausführen. Im allgemeinen sollte man nicht massieren, wo Entzündungen, Anschwellungen oder akute Schmerzen sind, sondern nur rund herum. Dies fördert die Blutzirkulation, so daß die Krankheitsstoffe absorbiert und fortgeschafft werden. Wenn während der Behandlung die Gelenke gelockert wurden, muß der Patient mithelfen, indem er diese Bewegungen täglich mehrmals macht. Wenn er sich selbst dem Schmerz und der Steifheit überläßt und weiter keine Anstrengungen macht, dann verschlimmert sich die Krankheit, und die Heilung wird gehindert. Wenn die Beweglichkeit des

Rückgrats wiederhergestellt ist, befaßt sich der Heiler mit den Gliedern und dem angegriffenen Teil.

Wir wiederholen: der Heiler heilt nicht und es ist zwecklos, sich anzustrengen, um Abhilfe zu schaffen. Er suche den „Geistkontakt" mit den Heilungsführern und dem Patienten aufrecht zu erhalten. Mit den Händen über der kranken Stelle leitet er die Heilungskraft.

Bei angegriffener Schulter bringt er Linderung durch Lockerung der Gelenke. Die Arme können sanft hoch gehoben werden, Zentimeter um Zentimeter. Der Heiler fühlt in sich, wie weit die Gelenke beweglich sind. Wenn der Arm hochgehoben und man ihn frei fühlt, kann man die Bewegung bis zum Ende machen. Mit dieser Bewegung soll das Schultergelenk geheilt werden. Nach dieser Heilung kann der Arm vorwärts und rückwärts bewegt werden, bis zur freien Drehung. Der Fachausdruck ist „Lockerung". Wenn man den Arm ganz frei fühlt, kann man ihn sanft nach oben heben. Ist die volle Beweglichkeit wieder da, bewege der Heiler einige Male den Arm hin und her und sage dem Patienten, er solle es selbst tun, um sich zu überzeugen, daß das Gelenk frei und ohne Schmerzen sei.

Bei der Behandlung dieser Leiden ist es sehr wichtig, daß der Patient völlig entspannt ist, damit der Heiler die Bewegungen ohne Muskelspannungen oder Widerstand machen kann. Der Patient hat wahrscheinlich durch lange Zeit bei jeder Bewegung Gelenkschmerzen gehabt, und er schreckt von vornherein vor jeder Bewegung zurück. Deshalb muß man ein derartiges Zurückschrecken vermeiden, denn es verursacht Schmerzen und Spannungen. Der Heiler muß ihn überreden, sich vor jeder Bewegung völlig zu entspannen.

Heilen schmerzt nicht und wenn eine Bewegung schmerzt, so bedeutet es, daß der Heiler mehr Bewegungen ausführt, als die Heilung zuläßt. Bei Entzündungen oder Schmerzen eines Gelenks oder Körperteils versuche man keine Bewegungen, sondern man wende die Geistheilung als erste Linderung an.

Bewegt der Heiler den Arm, merkt er häufig ein Zurückschrecken und eine Zusammenziehung. Patienten versuchen immer, den Arm durch Körperbewegungen zu heben, dies muß wohl vermieden werden.

Um in schwierigen Fällen eine Entsprechung zu bewirken, mache man sanfte streichende Bewegungen dem Glied entlang.

Man achte auf völlige Entspannung, bevor man feste oder halbfeste Gelenke bewegt. Dann sind alle Bewegungen, die möglich sind, schmerzfrei.

In ernsteren Fällen braucht man mehrere Behandlungen, um die Gelenke frei zu bekommen. Der Heiler muß sich mit dem bescheiden, was die Heilungsführer bewirken, ohne sich mehr zu wünschen. Bei chronisch steifen Gelenken wie bei rheumatischer Arthritis mit gekrümmten, unbeweglichen Fingern dauert es einige Zeit, bis die Gelenke locker und funktionsfähig werden. Der Heiler braucht also viel Geduld, aber wenn einmal die Linderung eintritt, erkennt er, daß die aufgewendete Zeit der Mühe wert war.

Dasselbe Verfahren wende er bei befallenen Hüften, Kniegelenken, Knöcheln und Zehen wie bei den oberen Gliedern an.

Die Patienten sind anzuhalten, täglich alle Übungen zu machen und physische Hilfe z.B. leichte Massage und Wärme ist zusätzlich anzuwenden. Die Därme müssen entleert werden, und der Patient muß fröhlich sein und mithelfen.

23

Paralyse

Es gibt viele Arten von Lähmungen. Allgemein teilt man sie in zwei Hauptgruppen ein; erstens die Lähmung, die im Gehirn ihr Zentrum hat, so bei „Schlaganfällen" und zweitens die Paralyse, verursacht durch Verletzungen der Wirbelsäule oder andere Nervenzentren. Beide Arten treten oft zusammen auf, und mitunter kann man den wahren Sitz des Leidens leicht erkennen.

Bei gewöhnlicher Sklerose kann man gut helfen. Wenn das Leiden nicht tief sitzt und die Glieder noch gebrauchsfähig sind, tritt die Besserung schnell ein.

Ein allgemeines Symptom bei der gewöhnlichen Sklerose ist ein verkrampftes Rückgrat, „Poker-Rücken" genannt. Das Rückgrat ist zu behandeln wie im Kapitel 19 beschrieben.

Sobald das Rückgrat wieder beweglich ist, nehmen die Nerven allmählich ihre Funktionen wieder auf. Der Heiler bittet einige Augenblicke direkt die Geistwesen um Hilfe, um die Glieder zu stärken und zu beleben. Dann sind die Glieder frei und werden vom Heiler bewegt. Als nächstes hat der Patient mitzuhelfen und die neue Kraft zu gebrauchen. Meistens kann er diese neue Kraft bewußt anwenden.

Sind die Beine gelähmt, dann muß er sie frei legen und entspannen. Zum Zweck dieser Entspannung sollen die Knie leicht angehoben werden. Der Heiler kann dann die Gelenke, die Füße und Zehenknochen bewegen, die durch die Bewegungslosigkeit „träge" geworden sind. Zehen und Füße sollten dann rückwärts und vorwärts gebogen und rotiert werden, der Patient wird aufgefordert, die Bewegungen mitzumachen.

Er entspanne zunächst Rumpf und Beine und biete seine Nervenkraft auf, um die Füße auf und ab zu bewegen. Die Abwärtsbewegung ist eine zeitlang leichter als die Aufwärtsbewegung. Kann er dies machen, ist es ein gutes Zeichen dafür, daß die Nerven wieder ihre Funktionen aufnehmen. Diese

Übung muß vom Patienten täglich gemacht werden und Nerven und Muskeln der übrigen Glieder müssen betätigt werden. Selbständige Bewegungen sind ermüdend, und daher vermeide man Überanstrengung. Am besten ist es, eine zeitlang nur wenig zu üben und sich dann zu entspannen. Solche Patienten haben schwankende Tage; übermäßige Hitze, Feuchtigkeit und Kälte wirken ungünstig. An solchen Tagen soll sich der Patient nicht überanstrengen.

Massage, Hitze etc. sind täglich anzuwenden, sie kräftigen die Gliedmaßen, sie bauen zerstörtes Gewebe wieder auf und stellen die Nervenkraft wieder her.

Schwache Augen und eine schwache Stimme sind auch Symptome der Sklerose, aber gewöhnlich verschwinden sie bei fortschreitender Besserung. Der Patient helfe mit, freudig sehe er der Heilung entgegen. Niedergeschlagenheit ist der schlimmste Feind. Seine Verwandten sollten ihm Mut zusprechen und mit neuem Lebensmut soll er vorwärtsschauen.

Manchmal ist das Rückgrat bei der Sklerose beweglich und die Gliedmaßen sind kaum in Mitleidenschaft gezogen. Diese Fälle brauchen für eine Besserung längere Zeit, denn sie zeigen eine Entartung des Rückenmarks und der Nerven an. In solchen Fällen muß sich der Geist des Heilers ganz auf den Patienten „einstellen", sein Leitgedanke sei die Vitalität, das Nervensystem zu kräftigen. Dann folgt der Aufbauprozeß wie vordem beschrieben.

Mit allem Nachdruck leite man den geistigen Impuls dem Rückgrat entlang in die Glieder, um dem Patienten neue Lebenskraft zu geben. Der Patient mache einen kurzen Schritt. Bei jedem Schritt hebe er den Fuß, damit er nicht schleift. Zuerst wird er nur einen oder zwei solche Schritte machen können; dann ruhe sich der Patient ein wenig aus, entspanne sich und versuche von neuem. Überanstrengung soll vermieden werden, da diese seine Kräfte erschöpfen würde. Die Wiederherstellung kommt allmählich, die fortschreitende Heilung kann als ein Aufbauprozeß angesehen werden.

Darmlähmung ist mit solchem Leiden verbunden. Auch dies läßt natürlich nach und verläuft entsprechend dem Heilungsfortschritt.

Am schwersten haben es diese Patienten, ihr Gleichgewicht zu halten. Das wird besser, wenn die Nerven wieder arbeiten und die Glieder sich „leichter" bewegen. Am besten hilft hier der Heiler, wenn er den Patienten veranlaßt,

Rumpf und Arme nicht anzuspannen, die Beine sollen das Gewicht des Körpers tragen und sich bei abwechselnder Entspannung langsam und zielsicher bewegen.

Dies wird zuerst nicht leicht sein, denn der Genesende fürchtet sich noch hinzufallen, aber man ermutige ihn, mehr rhythmisch zu gehen. Seine Freunde können ihm dabei helfen, wenn sie seine Arme oder Hände halten. Diese Unterstützung soll gerade so viel sein, daß ein Hinfallen verhindert wird. Das Prinzip ist, dem Patienten Vertrauen zu geben, damit er wieder seinen Körper und seine Beine natürlich und frei von Spannung gebrauchen kann.

Infantile Paralyse gehört auch zu den sogenannten unheilbaren Leiden, auch hier kann sehr geholfen werden, besonders Kindern.

Rückgratschwäche kommt stets mit einer Verkrümmung in der Lumbarregion gerade oberhalb des Beckens vor. Wieder ist das Heilungsverfahren anzuwenden. (siehe Kapitel 19) und man versuche so, die Verkrümmung wieder gerade zu richten. Sie erscheint oft als „Knick" im Rückgrat, verschwindet aber durch Einwirkung der Geistheilungsführer.

Als nächstes folgt der Heilungsprozeß für die Glieder, wie bei Sklerose beschrieben. Bei diesem Leiden sind die Glieder besonders in Mitleidenschaft gezogen, aber bei fortgesetzter Behandlung, ergänzt durch die des Arztes, kommt das Leiden zum Stillstand, und die Glieder stärken sich. Sobald neue Kräfte kommen, geht die Heilung voran.

Wir wiederholen: der Fortschritt hängt größtenteils von dem persönlichen Zustand ab. Patienten werden zum Heiler gebracht, wenn der Arzt nicht mehr helfen kann und die Paralyse mit ihren Begleiterscheinungen chronisch geworden ist. Andererseits, wenn der Patient mit dem Leiden in seinem frühen Stadium zum Heiler gebracht wird, folgt gewöhnlich eine rasche Heilung. Injektionen in das Rückgrat und anderwärts werden oft von den Ärzten gegeben. Es kann sein, daß sie und Lumbar-Punkturen für einige gut sind, aber sie helfen nicht in allen Fällen. Es gibt Patienten, die vor Anwendung dieser Behandlungen in einem annehmbaren Gesundheitszustand waren, danach aber völlig gelähmt wurden. Es liegt nicht in der Zuständigkeit des Heilers, für oder wider diese Behandlungen zu raten. Paralyse als Folge falscher Behandlung verzögert die Geistheilung.

Wie lange es dauert, um Paralyse nach einem Schlaganfall zu heilen, hängt von ihrer Schwere und vom Heilungswillen des Patienten ab. Um beständigen Fortschritt zu erzielen, muß der Patient die Trägheit überwinden. Geistheilung stellt die Nervenkraft wieder her und bringt steifen Gliedern wieder Linderung, aber um daraus Nutzen zu ziehen, muß der Patient angehalten werden, seine Glieder, seine Stimme etc. zu gebrauchen, sonst kann die Heilungsbemühung nicht anschlagen. Die Behandlung dieser Paralyse kann durch das Rückgrat im Nacken an der Schädelbasis oder durch den Kopf selbst geleitet werden. Wir sagen es nochmals, die Striche selbst heilen nicht. Die Hände liegen an beiden Seiten des Kopfes oder Halses; man gebe den Nervenzentren den Geistimpuls für Kraft, Gleichgewicht und Zusammenarbeit, so daß sie wieder belebt werden.

Die Arbeit der Heilungsführer am Geist-Selbst des Patienten spielt bei der Genesung die größte Rolle.

Die Finger des Heilers können auch am Nacken und am Lendenwirbel ruhen mit der Anweisung, daß Energie, Vitalität und Kraft durch das Nervensystem zu den Gliedmaßen kämen.

Die Gliedmaßen sollen frei liegen und frei bewegt werden. Finger und Zehen werden flink massiert und alle Hilfe wird für die Wiederbelebung angewandt. Dem Patienten spreche man Mut zu, sobald er dazu fähig ist, die Bewegungen mitzumachen; er übe täglich und versuche nach seinem eigenen Ermessen, die Bewegungsübungen ein wenig weiter auszudehnen. Aber wir raten ab, die Glieder durch körperliche Betätigung zu bewegen. Was versucht wird, ist die Rückkehr der natürlichen Bewegung durch die Muskeln des betreffenden Gliedes.

Der Heiler versuche, den Patienten zum Bundesgenossen zu gewinnen, damit er mithelfe; er sei optimistisch und vermeide eine gedrückte Stimmung.

Die mit Krämpfen verbundene Paralyse und die meisten anderen Arten der Paralyse werden durch diese Methoden geheilt. Geduld ist nötig, der Fortschritt oft langsam und mitunter müssen der Heiler und sein Patient lange um die Besserung kämpfen. Eine große Leistung ist es, die Hoffnung wiederzugeben und die allmähliche Rückkehr der Lebenslust und der Beweglichkeit freut alle Beteiligten. Niemals soll ein Fall für hoffnungslos oder unheilbar gehalten werden, denn Hilfe kann auf mannigfache Weise gespendet werden.

24

Tuberkulose und Brustkrankheiten

Geistheiler finden gewöhnlidi, daß die Tuberkulose auf Geistheilung anspräche. Es werden dabei mehr Heilungen erzielt als sonst wo.

Die Diagnose für Tuberkulose ist leicht zu stellen. Der Heiler entdeckt mit seinen Händen die kranke Lunge. Die stärkste Spannung zeigt ihm den Herd der Krankheit.

Fern- und Kontaktheilung sind gleich wirksam. Das beste Ergebnis erreicht man durch Verbindung beider Methoden.

Folgende Anzeichen zeigen den Heilungsverlauf. Zuerst wird die Temperatur fast normal und bleibt beständig. Zweitens, die Blutflecken im Sputum verschwinden. Der Patient hat Appetit und einen guten Schlaf. Husten und die anderen Spannungen lassen nach und vergehen. Das Gewicht nimmt zu und zeigt in der Regel an, daß die Heilung vor sich geht.

Einige Heilungen der Schwindsucht kommen schnell, andere allmählich, dies hängt von dem Zustand des einzelnen Patienten, von dem Ernst der Krankheit, von der Empfänglichkeit des Patienten und seiner Pflege ab.

Die Mitwirkung des Arztes ist zu befürworten. Bei Sanatoriumsaufenthalt gibt man Fernheilung. Ist der Patient zu Hause, muß er genau die Vorschriften befolgen. Er darf sich nicht überanspannen, muß alle körperlichen Anstrengungen meiden, sich selbst gegen Feuchtigkeit und Kälte schützen und muß gute, frische Luft haben.

Bei der Kontaktheilung läßt der Heiler, nachdem er still und ruhig „innigen Kontakt" mit dem Patienten aufgenommen hat, seine Hände vorn, an den Seiten und im Rücken der Brust streichen. So werden seine Hände sensitiv und erfühlen den Sitz des Leidens. Dann, als nächstes, legt er seine Hände auf die Brust vorn oder rückwärts. Der „innige Kontakt" mit dem Patienten wird beibehalten, die ruhige mentale Anweisung sei: die Heilkraft möge in die Lungen eintreten, sie säubern, reinigen und heilen.

Der Heiler sei sich dabei des großen Wertes richtiger Atmung bewußt.

Wissentlich sollen die gesunden Lebenskräfte von den kosmischen Kräften in den Organismus aufgenommen und kranke Stoffe ausgeschieden werden.

Dies kann jetzt unter der Mitwirkung des Patienten geschehen. Der Heiler, noch immer „innigst" mit dem Patienten verbunden, führt diese bestimmte Atmung selbst aus, aber mit der Weisung, damit dem Patienten zu nützen. So atmet der Heiler für den Patienten. Sind Heiler und Patient „wirklich gut verbunden", stehen die beiden Geist-Selbst beider in innigem Kontakt. So kann das Geist-Selbst des Patienten den Anstoß zur Heilung von der leitenden Einwirkung des Heilers über dessen Geist-Selbst empfangen.

Der Heiler bittet dann den Patienten, mit ihm zusammen leicht ein- und auszuatmen. Hilft er mit und ist verständig, sage man ihm, was für wohltuende Kräfte durch die Atmung eingesaugt würden, und daß seine Mithilfe umso mehr wirke. Spricht er hierauf an, ersucht man ihn, diesen bestimmten Atem allein durchzuführen mit der Absicht, zwei oder drei mal täglich Stärke und Lebenskraft aufzunehmen. Tue er dies, dann erhebe er sein Gemüt oder denke an den Heiler und die Heilungsführer, um den vollen Nutzen von den kosmischen Kräften zu empfangen.

Der Heiler flöße seinem Patienten Ruhe und Geduld und ein heiteres Gemüt ein.

Es kommt oft vor, daß ein Patient, der den Bemühungen gut entsprach und gleichzeitig vom Arzt behandelt wurde, von diesem darauf angesprochen wurde, sich operieren zu lassen. Ärzte halten sich an ihre medizinischen Gepflogenheiten; gegenüber nicht schulmedizinischen Besserungen sind sie mißtrauisch. Sie empfehlen Operationen „um sicher zu gehen". Die Verantwortung dafür, ob die vorgeschlagene Operation ausgeführt werden sollte, kann nur dem Patienten überlassen werden. Der Heiler kann jedoch vorschlagen, man möge den Arzt um weitere Untersuchungen bitten, Röntgenstrahlen etc., um zu sehen, ob eine Operation gleich oder später nötig sei. Sogar bei gutem Fortschritt durch die Geistheilung sind Schwankungen möglich, sie können durch ein unkluges Verhalten seitens des Patienten (Überanstrengungen jeglicher Art) verursacht werden und man rate dem Patienten, sie zu vermeiden.

Die Behandlung für Asthma, Bronchialleiden, Katarrh und Husten verläuft ähnlich; die Atemtechnik wird als eine zusätzliche Hilfe angewandt.

Die heilenden Hände leiten die Kongestionen (Blutüberfüllung als Folge von Entzündungsreizen) von der Brust, dem Hals und der Nase ab. Die Erleichterung kommt stets durch Atmen mit gereinigten Kanälen. Heilung ist allumfassend. Wir beobachteten wiederholt, daß der allgemeine Gesundheitszustand gebessert wird, das Nervensystem wird gestärkt und beruhigt, auch andere Leiden nehmen ab und schwinden. Asthma, besonders nervöses Asthma reagiert leicht, sowohl auf Kontakt- und Fernheilung.

25

Nervenleiden

Dieses Kapitel über Paralyse (Lähmung) behandelt einige Wirkungen der Nervenschwäche. Es gibt jedoch noch andere Nervenleiden, die wir einzeln betrachten werden. Das ist die Gruppe der „Schüttelleiden", wie Parkinsonsche Krankheit, Paralyse agitans etc. Dann gibt es noch die Krankheiten, die dem Veitstanz ähnlich sind, wie Stottern, Konzentrationsmangel, Gedächtnisverlust und die Minderwertigkeitskomplexe. Das Kapitel über die Gemütsbehandlung zeigt wie diese Fälle zu heilen sind.

Gewöhnlich sitzen diese Leiden in den Gemütsnerven. Das geistige Gemüt mag teilweise die Störungen verursacht haben, aber es ist auch für die Genesung maßgebend.

Nervenkrämpfe und Schütteln werden meistens durch eine geistige Überanspannung hervorgerufen. Schlafende Patienten haben selten Krämpfe oder schütteln sich. Dies zeigt, daß, sobald das Bewußtsein schläft, die Nerven ruhen und die Krankheit „vergessen" ist. Das Gemüt verursacht im Wachen die Spannungen und da die Nerven nicht mehr richtig kontrollieren, entstehen die Krämpfe. Es handelt sich darum, Ruhe und Ordnung der Nerven im Wachzustand herzustellen.

Die Patienten verschlimmern oft ihre Leiden, wenn sie wegen ihres Schüttelns bekümmert und ängstlich sind. Sie versuchen es, durch geistige Kontrolle abzustellen. Dies führt zu noch größerer Erregung, der Patient kämpft selbst und davon wird nichts besser.

Ganz allgemein ist Fernheilung das beste für diese Störungen, aber für die persönliche Behandlung sind folgende Vorschläge wertvoll.

Wir bemühen uns, die Gemüts- und Nervenruhe wiederherzustellen. Sanfte Striche über den Kopf und längst der Nerven wirken beruhigend. Dies ist mehr eine psychologische als eine tatsächliche Heilung. Bei diesen Strichen beruhigen sich die Nerven, denn Geist und Körper werden entspannt, das Schütteln wird weniger oder hört vorläufig auf.

Der Heiler legt seine Hand nahe am Kopf des Patienten auf, dort, wo er mit ihm Kontakt haben sollte. Seine geistige Bitte an die Heilungsführer sei Ruhe und Linderung für das Gemüt und die Nerven.

Dem Patienten erzähle man, er möchte es vermeiden, des Schüttelns bewußt zu werden, seine Hände solle er einfach mechanisch gebrauchen und ohne großen geistigen Aufwand arbeiten, wie Wolle von einem Knäuel zu einem anderen auf- und abwickeln. Man ermahne ihn, sich nicht vom Schütteln bedrängen zu lassen und nicht dagegen anzukämpfen. Bei gelegentlichen Anfällen entspanne er sich, bis die Anfälle allmählich abklingen. Befolgt der Patient diesen Rat, dann bringen die Geistheilungsführer seinem Geist-Selbst Ruhe und Gleichgewicht; eine fortschreitende Besserung folgt. Bei diesen Leiden kommt es zu Steifheit und Schwere der Glieder. Patienten folgen bei diesem Kräfteverlust oft der Linie des geringsten Widerstandes und werden dann willenlos. Dann muß der Patient zum Gebrauch seiner Glieder ermutigt werden. Die oben erwähnte Behandlung wird zusätzlich durch eine solche für die allgemeine Paralyse ergänzt. Gleichgültigkeit ist der schlimmste Feind des Patienten.

26

Funktionsstörungen

Viele Krankheiten rühren von Funktionsstörungen der Drüsen, des Blutes und Gemüts her. Typische Beispiele sind Diabetes (Zuckerkrankheit), Nephritis (Nierenentzündung), Blutdruck, Drüsenstörungen und sonstige Mangelerscheinungen.

Die Ursachen sind oft dunkel und können nicht ermittelt werden. Die Schulmedizin weiß nicht, woher sie kommen. Bei vielen Fällen mag die Störung zuerst im Geist-Selbst liegen. Der Heiler tut am besten, wenn er sich nicht all zu sehr mit der wahren Ursache befaßt, sondern diese den Heilungsführern zur Behandlung überläßt.

Die physischen Funktionen werden durch die Heilung verändert. Bei „Blauen Babys" und anderen Blutkrankheiten muß vor der völligen Wiederherstellung die Zusammensetzung des Bluts geändert werden. Das geschieht allmählich. Ein anderes kennzeichnendes Beispiel ist Diabetes.

Oft erleben wir solche Veränderungen. „Blaue Babies" führen wir als Beispiel an; Heilungen dieses Leidens beweisen uns deutlich, daß die Kräfte der Heilungsführer das Blutsystem verändern.

Beim persönlichen Kontakt ist für die einzelne Behandlung kaum zu raten, was der Heiler tun soll, außer, daß er die schon angeführten allgemeinen Heilungsrichtlinien befolgt, sich innigst auf den Patienten einstellt, die Heilungskräfte durch sich strömen läßt und den Heilungsführern das Befinden des Patienten übermittelt. Der Patient muß genau die Gesundheitsgesetze befolgen, nach Diät leben und in positiv mitwirkender Lebenshaltung verharren.

Verstopfung ist oft Ursache oder Mitursache unreinen Blutes. Dagegen helfen sehr gut Mittel aus Kräutern und andere Maßnahmen, (sowie Massage).

Um Verdauungsbeschwerden – eine andere Ursache dieser Leiden – zu überwinden, muß man fette und säurehaltige Nahrung und schwere Speisen vermeiden. Gut wirkt es, viel warmes Wasser zu trinken, besonders vor dem Schlafengehen und beim Aufstehen. Das Einnehmen von Emulsion und anderer Gleit- oder Purgiermittel wirkt günstig. Ein anerkannter Kräuterkundiger hilft oft.

Zwölffingerdarmgeschwüre werden wie Gewächse behandelt. Der Heiler findet selbst, wo das übel sitzt. In der Regel fühlt der Patient die Beschwerden bis zum Brustbein hinauf, (durch Blähungen) und andere Ursachen. Der wahre Sitz des Ulcus (Geschwür) kann viel tiefer liegen. Hierüber muß sich der Heiler nicht übermäßig beunruhigen, denn der behilfliche Führer erreicht das Zentrum des Leidens. Strenge Diät muß innegehalten werden, solange die Behandlung dauert. Auch später achte man sorgfältig darauf, einem Rückfall vorzubeugen, solange die Schwäche noch besteht.

Krampfaderleiden sind anders zu behandeln. Bei der Kontaktheilung werden die allgemeinen Heilungsrichtlinien angewandt. Wir raten dem Patienten, die Wunden so oft als möglich der Luft auszusetzen; und wenn der Verband des Nachts gewechselt wird, schütze man sie sorgsam vor jedwedem Staub oder möglicher Infektion. Mitunter heilen sie schnell, sogar wenn die offenen Stellen jahrelang plagten. Sehr oft müssen sie länger behandelt werden. Fernheilung spielt eine wichtige Rolle bei der Heilung dieser schwierigen Fälle.

Allgemeines Wohlbefinden ist das erste Anzeichen, daß die Heilung der Funktionsstörungen einsetzt. Erquickender Schlaf, Frohsinn und allgemeine Besserung zeigen an, daß eine Änderung im angegriffenen Körpersystem eingetreten ist. Die Niedergeschlagenheit läßt nach und verschwindet.

Wenn eine Krankheit gebessert ist, so werden auch die anderen geheilt, denn sie hängen oft von einander ab.

Bei der Fern- oder Kontaktheilung sei die Fürbitte an die Heilungsführer immer betont unmittelbar auf das besondere Leiden gerichtet.

27

Die Sinne

Der Fortschritt, der bei Augen- und Ohrenleiden erzielt wird, ist oft für den Heiler erfreulich. Wir betonen, der Heiler solle niemals die Heilung begrenzen. Dieser Grundsatz gilt hier mehr als bei anderen Leiden. Wenn wir auch nichts versprechen können, soll der Heiler doch immer an eine Besserung glauben. Mitunter tritt die Heilung sofort ein, aber im allgemeinen erst nach einiger Zeit.

Bei grauem Star z.B. wird der Film allmählich dünner; der Fortschritt zeigt sich durch Schwinden des verhüllenden Nebels. Wir können die Besserung nicht täglich feststellen, sondern erst nach einiger Zeit.

Es ist klar, die Entfernung der grauen Haut ist für die Geistheiler eine äußerst heikle geistige Operation, sie ist aber schon oft vorgekommen. Wenn der „Graue Star" auch nicht behoben wurde, ist doch der Film nicht weiter gewachsen und die noch vorhandene Sehkraft blieb bewahrt. Das kommt oft vor, wenn das Augenleiden nicht operierbar ist.

Eine abgelöste Netzhaut wird oft ersetzt, und dies dauert gewöhnlich einige Zeit, obgleich auch schnelle Heilungen vorkommen. Die Geistheilung bessert „Grünen Star" und alle anderen Augenleiden.

Viele Augenleiden kommen zeitweilig durch Nervenüberanspannung und Kummer, und daran denke der Heiler immer, während er behandelt. Die Geistheilung hilft durch Beruhigung der Nerven; wir erlangen die Mitarbeit des Patienten, indem wir ihn von seinen Angsten befreien.

Die Überanstrengung der Nerven und der Augen verursacht oft Augenleiden. Eines kommt vom andern. Wenn der Patient bei seiner Arbeit die Augen überanstrengt, wodurch die Krankheit kam, gibt es keine Heilung, solange die

Ursache fortbesteht. Wenn Patienten ihre Beschäftigung höher schätzen als ihr Augenlicht, wovon sie sich meistens nicht abbringen lassen, kann man ihnen nicht viel helfen.

Kurzsichtigkeit kann leicht geheilt werden, umso schneller, wenn das Auge geschont wird. Hat ein Patient sich in den Finger geschnitten, verbindet er ihn und schont ihn, aber bei Augenleiden wenden nur wenige die nötige Ruhe und Pflege an.

Kontaktheilung ist nur allgemein die Finger der „Kraft"-Hand über den Augen – sie brauchen die Augen nicht zu berühren – und der Heiler stellt sich auf den Patienten ein. Nachher ist kaum mehr etwas zu tun, das übrige ist Sache der Heilungsführer. Dann gebe man den Patienten die erwähnten Verhaltungsvorschriften, er verhalte sich ruhig und vermeide Überanstrengung der Augen. Er schütze die Augen vor direktem Sonnenlicht und scharfer Beleuchtung. Man kann dem Patienten raten, die Blickdistanz zu wechseln, d.h. wenn Tränen und übermäßige Spannung kommen, dann blicke er in die Ferne oder schließe die Augen.

Augenleiden durch Blutergüsse kommen in eine andere Gruppe. Wurde die Ursache medizinisch erwiesen, dann benachrichtige man die Heilungsführer bei der Fürbitte.

Beim Schielen hilft man zusätzlich durch einfache Übungen während der Behandlung. Der Patient schließe das gesunde Auge und fixiere den Finger des Heilers, der sich nach rechts und links bewegt bei ruhiger Kopfhaltung. Man muß die Vergrößerung der Sehweite anstreben.

Wenn man die Reaktion des soeben geöffneten Auges auf einfallendes Licht prüft, findet man, daß sie nachher lebhafter ist als vorher.

Einzelne Heiler haben bei Krankheiten der Sinnesorgane besondere Erfolge. In solchen Fällen erwies sich die Mitarbeit von Mrs. Burton als äußerst wirksam, inbegriffen die Beruhigung der Nerven.

Taubheit behandelt man ähnlich wie Augenkrankheiten.

Anspannung der Nerven und des Gemüts verschlimmern das Leiden, in mancher Hinsicht mehr als bei den Augen. Der Heiler achte darauf, z.B. während der Heilbehandlung, daß der Patient, wenn er geistig entspannt ist und seine Augen geschlossen hält, recht gut hört, sogar die leisesten Geräusche. So bald er sich aber geistig konzentriert und die Augen öffnet, verschlimmert sich das Gehör wieder.

Es gibt dafür verschiedene Gründe; der Patient trachtet, „die Laute mit dem Blick zu erfassen"; er liest sie von den Lippen ab; gewohnheitsmäßig wendet er das bessere Ohr dem Sprecher zu; er runzelt die Stirn und ist in einem Zustand der Erwartung. Verschiedene Wahrnehmungskräfte wirken gleichzeitig auf das Erinnerungsvermögen, und jede trachtet, die gesprochenen Worte auszulegen, so daß man kaum feststellen kann, was davon durch die Ohren aufgenommen wurde.

Man rate diesen Patienten in geistiger Entspannung zu verweilen, damit die Klangschwingungen „ungetrübt" aufgenommen werden können. Gemütsruhe und Vermeiden jeglicher Spannungen helfen gegen viele Arten der Taubheit. Wie bei den Augen können auch hier die Geistheilungsführer das Gemüt beruhigen. Arbeitet der Patient durch innere Ruhe mit, unterstützt er bestens die Bemühungen.

Wenn schwache Gehörnerven die Taubheit verursachen, ist leicht zu heilen. Sogar wenn die Nerven ernstlich geschwächt sind, kann oft geholfen werden.

Zerrissene Trommelfelle werden auch geheilt, und das Gehör bessert sich bei den meisten Schädigungen des Ohres. In vielen Fällen dauert die Besserung des Gehörs längere Zeit, der Patient vermeide die anspannende Erwartung, dann macht er Fortschritte.

Auch sogar von Geburt an stocktaube Ohren wurden geheilt. Bei einigen Krankheiten geht es jedoch nur langsam; so bei Taubheit nach Gehirnhautentzündung oder Ohrenverletzung durch Bombeneinwirkung oder Wundarztbehandlung.

Taubheit behandelt man ähnlich wie Augenleiden. Die wahre Heilung überläßt man den Geistdoktoren, sie heilen in ihrer Weise. Die Finger eine Weile auf beide Ohren zu legen, ist alles was gewöhnlich nötig ist, wenn der Heiler sich auf den Patienten eingestellt hat.

Geschwächte Sehkraft und Schwerhörigkeit aus Altersgründen können gebessert werden, aber nur so weit als die geschwächten Nerven wieder funktionsfähig zu machen sind. Alterserscheinungen können nicht geheilt werden.

Kopfgeräusche, manchmal mit Taubheit verbunden, stammen von nervösen Störungen, wenn auch hier die Heilungen selten sind, kommt doch eine Besserung zustande. Der Heiler biete alles auf, um den Patienten zur Mitarbeit zu bringen und seine Stimmung zu heben. Rührt das Leiden von hohem Alter her, kann es zäher sein. Kopfgeräusche, nach Entbindung oder leichtem Schock sind eher heilbar.

Wenn nur ein Ohr taub ist, oder eines schlimmer als das andere ist, wird das befallene Ohr träge. Reagiert das taube Ohr auf die Heilung, dann fordert man den Patienten auf, es mehr bewußt zu gebrauchen.

Man sage ihm, er solle das Ohr an ein Radiogerät halten und bewußt mit dem erkrankten Ohr lauschen, und gleichzeitig zu versuchen, die Laute zu analysieren; wird Orchestermusik übertragen, dann soll der Patient die einzelnen Instrumente unterscheiden; so kräftigt er das Ohr und die Nerven, und sie werden wieder funktionstüchtig. Für die besonders Schwerhörigen sind Gehörgeräte gut, auch können sie das Ohr an das Radiogerät dicht anlegen und so die Laute auffangen. Für diese Übung und ebenso für die mit den Gehörgeräten muß das Gemüt völlig entspannt und dazu bereit sein, das Mögliche aufzunehmen. Die Lautstärke sollte gerade der Hörfähigkeit angepaßt sein.

Fernheilung ist für die Heilung der Sinnesorgane ebenso gut wie Kontaktheilung, aber die beste Methode ist, beide wenn möglich zu verbinden.

Es ist erwiesen, daß die Heilungsführer da sind, um zu helfen, wenn der Patient sich entspannt und die Gehörübungen macht. Dies bezieht sich auf Hilfeleistungen bei den verschiedensten Krankheiten.

Geschmack und Geruch sind eng miteinander verbunden. Hat ein Patient dies verloren, dann findet die Wiederherstellung bei beständig durchgeführter Fernheilung statt. In diesen Fällen kann man sowohl dem Patienten wie dem Heiler kaum raten, – die Verantwortung für die Heilung übernehmen die Führer – aber immer ist es hilfreich, wenn der Patient mitwirkt.

Im allgemeinen ist die Heilung der Sinnesorgane eine Sache der Beruhigung und Stärkung der Nerven, wenn auch mitunter das Bewußtsein angeregt werden muß. Das gehört in den Bereich der Heilungsführer.

Heiler und Patient müssen Geduld haben. Diese Beschwerden übersteigen oft die Möglichkeiten der Schulmedizin. Aber der hohe Prozentsatz an Erfolg spricht für die große Weisheit unserer Geistesfreunde.

28

Kinderkrankheiten

Kindern, sogar Säuglingen kann am leichtesten durch die Geistheilung geholfen werden. Der Hauptgrund mag darin liegen, daß sie sich nicht vor der Krankheit oder vor Komplikationen fürchten. Ihre Körper nehmen die Heilkräfte auf. Immer wieder gibt es Heilungen, trotzdem der Arzt sie oft für höchst unwahrscheinlich hielt.

Einfache Leiden weichen bei der Heilung wie durch „Magie", aber sehr oft muß der Heiler ernste Fälle behandeln, z.B. krampfartige Paralyse, Kretins, zurückgebliebene Kinder und Rückgratleiden.

Liegt die Krankheit nicht tief wie Paralyse oder Störungen der Muskelfunktionen, spricht das Kind schnell auf die Heilung an. Wenn die Augen nicht in Ordnung sind, und das Kind entsprechende Gläser trägt, stellt die Heilung das normale Sehvermögen wieder her. Bei Kurzsichtigkeit achte man darauf, ob die Gläser noch nötig sind oder gewechselt werden müssen. Einfache Tests beweisen es, und der Arzt oder der Optiker sollten befragt werden.

Auch Funktionsstörungen können weitgehend behoben werden. Fernheilung ist für Kinder ebenso wirksam oder noch wirksamer. Behandelt der Heiler Kinder, sei er freundlich und plaudere mit ihnen. Kinder, die im Spital waren und dort vielleicht verletzt oder erschreckt wurden, fürchten sich vor weißen Doktormänteln, und der Heiler, wenn er einen solchen trägt, sollte ihn ablegen.

Die schwierigsten Fälle sind diejenigen, bei denen es an der Zusammenarbeit zwischen Gemüt und Tätigkeit mangelt. Das Kind kann seine Glieder oder seine Sinnesorgane nicht gebrauchen; es hat keine oder nur wenig Körperbeherrschung. Die Heilung dieser unglücklichen Kinder nimmt Zeit in Anspruch. Der Heiler denkt sich ganz in die Krankheit des Kindes hinein und setzt die Hilfe der Heilungsführer ein – diese und er bewegen abwechselnd die Glieder. Während dieser Bewegungen gebe man den geistigen Impuls, die Reaktionsfähigkeit möge in die Glieder zurückkommen, usw. Wenn der Heiler sein Geist-Selbst innigst auf das geistige Selbst des Kindes einstellt, werden die Bewegungen lebhafter.

Man bitte immer die Eltern, täglich mitzuarbeiten; die Bewegungen mit dem Kind zusammen zu machen, es dadurch zu ermutigen und die latenten Kräfte anzuspornen. Die täglichen Verrichtungen unterstütze man durch Worte; so sage man z.B. „Schuhe", beim Schuhanziehen und passende Wörter beim Essen und Trinken. Diese Wörter sollen so einfach wie möglich sein (kein Gemisch von anderen Wörtern) und sich auf die Tätigkeit beziehen. Hauptsächlich soll man die geistigen Fähigkeiten anregen. Man kann zu den Mahlzeiten sogar eine Glocke gebrauchen, oder andere ähnliche, doch deutliche Laute bei bestimmten Anlässen.

Das Gemüt des Kindes muß so einfach wie möglich eingeübt werden. Zusätzliche verwirrende „Plapperlaute" sogar die „Babysprache" erschweren nur die Aufgabe, einen bestimmmten Laut mit einer körperlichen Tätigkeit zu verbinden. So hart es für viele Eltern sein mag, es ist klug, die Zahl der Wörter auf das Geringste zu beschränken.

Der Heiler möge das Rückgrat des Kindes untersuchen, um festzustellen, ob es, gleichviel wie geringfügig, verkrümmt oder entstellt ist. In jungen Jahren ist das Rückgrat biegsam und kann behandelt werden. Oft hat man durch die Diagnose erkannt, daß Lähmungssymptome auf ein aus der Ordnung gekommenes Rückgrat zurückzuführen sind; man hat es behandelt und ernste Leiden geheilt. Der Heiler untersucht das Rückgrat durch das „Gefühl" seiner sensitiven Finger. Eine solche Diagnose ist oft sicherer als ein bloßes Anschauen.

Finger, Zehe, Knie, Ellbogen, alle Gelenke sollten in jeder Richtung täglich sanft bewegt werden. So wird verhütet, daß sie steif und fest werden, die Wiederholungen hinterlassen im kindlichen Gemüt Erinnerungen und regen es an.

Der Heiler vergegenwärtige sich, daß Stärke und Heilungskraft durch ihn zu dem jungen Patienten fließen. Bei beständig durchgeführten Heilungsbemühungen und Ermutigungen wird es allmählich besser.

Ist das Kind alt genug und kann es seine Hände gebrauchen, dann kann es sich erfolgreich mit Spielsachen beschäftigen. Die einfachsten Handlungen, z.B. die Sachen hinunterzuwerfen oder kleine Dinge in eine Schachtel zu legen, sind nützlich; der geistige Impuls ist in eine Tätigkeit umzuwandeln.

Bei nervöser Schwäche kann ein Kind den Körper nur schwer beherrschen. Knaben wie Mädchen im vorgeschrittenen Alter leiden mitunter an Bettnässen. Da trachte man, das Kind zur Mitarbeit und zur Ordnung zu bringen. Das Leiden verschlimmert sich bei zu großer geistiger Aufregung und Beanspruchung. Deshalb beruhigen wir das Kind und bringen es so weit, daß es sich selbst den körperlichen Bedürfnissen anpaßt. Schelten und Schlagen helfen da überhaupt nicht. Dadurch wird das Leiden nur schlimmer und zu der bestehenden Spannung kommt noch die Angst hinzu. Durch Fernheilung, kluge und sanfte aber feste ermutigende Zusprachen von Seiten der Eltern wird diese Störung schließlich behoben.

Kretins sind eine Klasse für sich. Man findet bei ihnen allen gemeinsame Merkmale. Es fehlt ihnen an Reaktionsfähigkeit; sie sind nicht so aufnahmefähig wie andere, sie können oft erst mit sieben Jahren gehen. Sie lieben Musik, besonders rhythmische, zu Zeiten sind sie zerstörerisch, halsstarrig, und die Mädchen sind außerordentlich liebebedürftig. Diese Kinder haben ihre eigenen Naturen und ihre eigenen Merkmale. Der Heiler tue, was er kann und werde nicht mutlos, wenn nicht gleich eine Änderung kommt.

Heiler und Eltern müssen bei der Behandlung dieser Kinder viel Geduld haben. Dank gebührt den wunderbaren Müttern, die diese nicht normalen Kleinen mit aller Liebe und Sorgfalt pflegen.

Wir wollen die Elten nicht tadeln, daß diese Kinder so geboren wurden. Es handelt sich biologisch um einen Rückfall, und wir müssen in jeder möglichen Weise helfen.

Man hat sich mit diesen Kindern eingehend beschäftigt und Besserung kam vor. Selbstbeherrschung und Regsamkeit können gefördert werden. Man trachte das „Gewissen" zu wecken, daß es gemäß den Belehrungen der Eltern unterscheiden lerne, was gut und schlecht sei. Sie gehorchen besser und verwirklichen die gegebenen Anweisungen leichter. Es ist unmöglich zu überblicken, was da schließlich herauskommt. Die Heilungsbemühung muß vielleicht lange ausgedehnt werden, aber welchen Fortschritt man immer erreichen mag, er wird zum Liebesdienst und ist der Mühe wert. Einige Kinder reagieren ihrer Eigenart gemäß schneller als andere.

Wir denken daran, daß die Heilungsführer nicht allmächtig sind; sie arbeiten im Rahmen gesetzmäßiger Kräfte wie wir. Sie können vielleicht nicht die Natur des Kindes ändern, aber sie helfen nach Möglichkeit.

Kinder, die während der Geburt verletzt wurden, können geheilt werden.

Bei Lähmungssymptomen achte der Heiler auf das Rückgrat. Wenn die Stellung der Wirbel auch nur wenig verändert ist, werden die Nerven gedrückt. Bei einem Kind können sanfte Bewegungen, wie Kapitel 19 beschrieben, verbunden mit geistigen Bemühungen die richtige Anordnung wiederherstellen, und dann folgt die Genesung.

Auch Fuß- und Beinentstellungen werden durch die Heilbehandlung und sanfte Manipulationen geheilt.

Wir denken daran, keine Heilung kann erzwungen werden; erst muß die geistige Einstellung da sein, dann verhält sich der Körper entsprechend. Mitunter muß man die körperlichen Gewohnheiten bessern, die durch Körperbehinderung entstanden sind. Die Mitarbeit der Eltern und einfache Maßnahmen tragen zur Heilung bei.

29

Farbenheilung, Radiästhesie, Galvanische Heilbehandlung

Hoffentlich hat nun der Leser erkannt, daß Einfachheit der Angelpunkt der Geistheilung ist. Der Heiler ist nur ein Werkzeug des Geistes. Je mehr er dies beherzigt, umso besser.

Bei der Fernheilung treten scheinbar Wunder ein, neue Entdeckungen (unmöglich für die Schulmedizin) werden bei solchen gemacht, die schon „aufgegeben waren". Dies geschieht, ohne daß der Heiler je den Patienten gesehen hat. Die großen Lektionen, die wir hieraus lernen, sind: Die Geistheiler bewirken diesen Wechsel, ohne Beisein des Heilers. Deshalb ist für viele Krankheiten die Kontaktheilung überflüssig.

Bei gewissen Krankheiten hilft die Kontaktheilung, vielleicht vorwiegend, aber das Wichtigste ist, daß Fernwirkung Heilungsvorgänge hervorruft. Dieser Umstand führt das Heilen auf die einfachste Form zurück, und daraus geht hervor, daß es um so besser ist, je weniger wir uns dabei anstrengen.

Dennoch muß man dabei untersuchen und forschen. In diesem Buch soll das Verständnis für die Wissenschaft der Geistheilung geweckt werden. Der Mensch möchte immer Fortschritte machen und mehr wissen, und das ist in Ordnung. Ohne diesen Wunsch ist kein materieller oder geistiger Fortschritt möglich, und unsere Seelen wären stumpf.

Von Zeit zu Zeit entstehen neue Theorien. Natürlich gestalten die Neuerer ihre Annahmen über die Heilungen so, daß sie mit ihren Theorien übereinstimmen. Einige dieser Ideen können begründet, aber das darauf errichtete Gebäude phantastisch sein.

Es ist eine Grundwahrheit, daß Farben auf die Gesundheit einwirken. Wir wissen, daß es so ist – aurische Rückstrahlungen beweisen es. Die Wissenschaft hat festgestellt, daß Farben verschiedene Lichtstrahlungen sind. Wenn eine schwächere Strahlung, wie die eines Schalls sich zu einer sehr hohen Vibration steigert, verwandelt sich dieser Schall in eine Lichtstrahlung.

Auch stimmt es, daß Leute auf Farben reagieren. Dies ist teils psychologisch begründet. Gewisse Leute sind für bestimmte Farben empfänglich und bevorzugen sie.

Das Studium der Aura, wie es von den Augen eines Mediums gesehen wird, zeigt an, daß Disharmonien in dunklen oder „schmutzigen" Schattierungen zurückgestrahlt werden, während Glück und Gesundheit in hellen Farben erscheinen. Diese Emanationen sind keine physikalischen Farben; sie sind Strahlungen, die unserem Geist entspringen.

Die entscheidende Frage ist, können wir Farbtöne für die Heilung von Krankheiten anwenden?

Die Reihe der Farben, die wir sehen und gebrauchen, ist ein kleiner Ausschnitt aus dem Ganzen. Daher sind Farbenvibrationen, wie wir sie benutzen, auf diese geringe Anzahl beschränkt. Es ist nicht logisch, diese beschränkte Anzahl von Farbvibrationen mit den Vibrationen kosmischer Kräfte oder aurischer Emanationen zu vergleichen. Wäre es so, könnte man die kosmischen Kräfte im Spektrum sehen.

Es ist praktisch nicht durchführbar, sie mit elektrischem Licht, das durch farbiges Glas oder ein anderes durchsichtiges Mittel hindurchscheint, zu erzeugen. Wüßten wir, was eine Heilungskraft bedeutet, dann würden wir experimentieren, aber bis wir dieses Grundwissen haben, sehen wir davon ab, durch farbiges Licht zu heilen.

Einige Heiler gehen so weit, bei der Heilung besonders gefärbte Mäntel zu tragen. Sie raten den Patienten, gewisse Farben zu tragen, um schneller gesund zu werden. Dies kann nur eine psychologische Hilfe sein.

Beim Studium der Vibrationen entstand eine andere Theorie, es ist die der Radiästhesie. Sie basiert auf einer solideren Grundlage als die der Farbenheilung.

Es ist einfach so: alle Materie schwingt – das entspricht der Physik. Jedes Atom besitzt eine eigene Atomzahl und eine Schwingungsrate. Die menschliche Zelle hat daher die Strahlung der Atome, aus denen sie besteht. Eine kranke Zelle hat eine andere Atombildung als eine gesunde und daher andere Vibrationen.

Das Pendel wird bei der Diagnose für Krankheiten gebraucht. Man nimmt an, daß durch die Sensitivität das Pendel verschieden reagiert, gemäß den Körperschwingungen. Jedoch ist diese Annahme abzulehnen; denn diese

Pendelbewegungen kommen von unmerklicher Muskeltätigkeit, die vom Geist gelenkt wird, – durch unbewußte Muskeltätigkeit.

Wir müssen aber die Möglichkeit anerkennen, daß unser Bewußtsein aus den geistigen Bereichen beeinflußt wird, und deswegen kann die intuitive Diagnose aus dem Unterbewußtsein stammen, welches auf das Pendel wirkt. Schaltet der Pendler seine Gedanken aus, wird er aufnahmefähig, um die Diagnose aus geistigen Quellen zu empfangen.

Kehren wir zu unserer Formel zurück: Eine gewisse Kraft überwindet ein bestimmtes Leiden. Es folgt daraus, daß eine bestimmte Vibration notwendig ist, um eine andere für einen bestimmten Zweck umzuwandeln.

Für alle Heilungen ist eine Zeit nötig, in der die geistigen Kräfte in physische umgewandelt werden. Es muß ein gleich schwingendes Zwischenglied oder Medium da sein, damit wir die Geistkraft empfangen können. Das kann wohl das Geist-Selbst des Patienten oder des Heilers (oder beider) sein; durch sie muß eine Einheit oder Verschmelzung zustandekommen, damit die geistige Kraft in physische umgewandelt werden kann.

Ob es je für die Wissenschaftler möglich sein wird, die Heilungskräfte zu isolieren und dann helfende Strahlungen zu erzeugen, ist unmöglich zu sagen. Vorläufig empfehlen wir, daß die Heiler darüber noch nicht sprechen, solange sie mit „Heilen" beschäftigt sind, damit die Heilungen so verlaufen, wie wir sie erklärt haben.

Wenn die Wissenschaftler Heilkräfte erzeugen könnten, dann werden wir die ersten sein, die Beifall spenden. Bis dorthin bleiben wir passiv und aufnahmebereit.

In jüngster Zeit sind verschiedenartige elektrische Apparate für die Heilung konstruiert worden. Einer davon ist uns als „Abramsbox" bekannt. Diese Methoden haben einige gute Ergebnisse gehabt; ob aber der Heiler wirklich mit der Maschine verbunden ist oder ob die Heilung durch ihn allein kommt, ist ungewiß.

Die zu Grunde liegende Theorie ist ähnlich der Radiästhesie. Man sagt, daß durch diesen Apparat wirksame elektromagnetische Ströme in den Körper des Patienten geleitet werden, wobci der Körper des Heilers sie durch das Elektro-Instrument dirigiert. Nach dieser Hypothese bildet man Theorien. Eine davon ist, daß der Heiler in seinem eigenen Körper mächtige elektromagnetische Kräfte erzeuge, die er unmittelbar in den Körper des Patienten leite.

In der Zeitschrift „Two Worlds" vom 21. Januar 1950 erschien die folgende Feststellung:

„Psychische Heilung ist jede Art Therapie, die von einem Heiler angewandt wird, der sich ganz auf das bezieht, was als psychische Kraft bekannt ist. Diese Kraft ist im Prinzip elektrisch, sie wird durch den Zellenaufbau des Körpers erzeugt. Einige Menschen sind mehr als andere mit dieser Kraft ausgestattet; sie erzeugen sie und speichern sie auf, um sie in Übereinstimmung mit den geistigen Wirkungskräften zu benutzen. Dann werden sie frei gemacht und dirigiert. Die Zellen, die die Rolle des elektromagnetisch schwingenden Stromkreises ausführen, senden Vibrationen in den Äther. Diese ätherischen Vibrationen gehen auf den Ätherkörper und auf die Aura des Patienten über, die beide ihrerseits die kranken Zellen mit verminderten oder veränderten Vibrationsfrequenzen ordnen und wiederherstellen ..."

Diese Feststellung bezieht sich besonders auf „physische" Heilung, und daraus könnte man einen grundlegenden Unterschied zwischen psychischer und geistiger Heilung folgern. Viele halten daran fest, daß es gleichgültig sei, wie man eine bestimmte Kraft brauche, um eine bestimmte Krankheit zu überwinden, ob sie psychisch oder spirituell heiße; – auf den Namen komme es nicht an, entscheidend sei der Erfolg.

Hier verweisen wir auf die elektro-magnetischen Kräfte. Wir können nicht physikalische Ausdrücke auf nicht physikalische Kräfte anwenden, sogar wenn die Vermutung begründet ist. Bis wir etwas von der Natur und dem Charakter der metaphysischen Heilkräfte wissen, ist es klüger, sie nicht bei dieser Betrachtung zu nennen.

Jede Heilung ist ein Vorgang für sich. Man benötigt für den besonderen Fall eine bestimmte Stärke der genau entsprechenden Kraft. Man braucht bestimmte Arten von Kraft für die verschiedenen Krankheiten. Sogar, wenn der Mensch die genaue Kraftart erzeugen könnte, müßte man sie in der richtigen Stärke und Feinheit anwenden. Eine zerstreuende Kraft darf nur bei den individuellen kranken Zellen angewandt werden, wie z.B. bei dem grauen Star, und nicht auf gesunde Zellen, um Schaden zu vermeiden.

Es ist eine neue Idee, daß der Körper des Heilers die Heilkräfte erzeuge. Sie widerspricht allem, was wir hier gelernt haben. Daß der Heiler irgendwie die verschiedenen Arten der Heilkräfte für dic Behandlung der verschiedenen Leiden erzeugen könne, ist noch weniger anzunehmen.

Der menschliche Körper erzeugt elektrische Impulse. Aber so weit darf man nicht gehen, anzunehmen, daß diese Impulse durch eine zusätzliche Kraft aus einer Batterie oder ähnlichem verstärkt würden; das könnte nicht die genau bemessenen, intelligent gesteuerten Geistkräfte erklären.

Die Berichte der Geistheilungen sind eindrucksvoll; sie kommen überall her, von vielen medialen Heilern aus allen Teilen dieses Landes (England) und der Welt. Sie vollzogen sich ganz einfach, in natürlicher Weise und ohne irgend einen Apparat.

Wir erinnern an die einleitenden Worte dieses Kapitels. Der Heiler ist nur ein Instrument des Geistes – er selbst heilt nicht.

30

Letzte Schlußfolgerungen

Wünscht man Statistiken, die die vom Autor vertretenen Ansichten bestätigen, dann weisen wir darauf hin, daß durch ungefähr drei Jahre Zehntausende Zeugen von lange ersehnten Heilungen waren, und zwar in aller Öffentlichkeit; und Briefe mit der Bitte um Fernheilung mit anschließenden Erfolgsberichten gibt es über eine Million. In Burrows Lea haben wir Tausende von Originalbriefen aufbewahrt, in denen Patienten von völliger Heilung oder Besserung berichten; dabei handelt es sich um beinahe alle Krankheiten des Menschen.

Von diesem Schatz an Erfahrungen konnten wir in diesem Buch nicht einmal die kleinste Einzelheit bekanntgeben, wie ein Heiler aus eigenem Wissen zu behandeln hätte, sondern nur die Methoden, mittels derer die Geistheiler durch den Heiler wirken. Es ist auch klar, daß es nicht nur eine einzige Art von Geistheilung gibt. Jeder Fall ist individuell zu behandeln. Die Dauer läßt sich nicht bestimmen; man kann nie etwas versprechen.

Manchmal kommt die Heilung gleich, manchmal nach wechselnder Dauer. Einige Patienten reagieren anscheinend garnicht, andere auf verschiedene Art. Manchmal kommt die Heilung erst spät, woraus man ersieht, daß der Heilungsprozeß eben Zeit braucht.

Oft wendete man persönliche oder Fernheilung ohne sichtbaren Erfolg an. Nach ungefähr einer Woche aber fühlte sich der Patient viel besser.
Verständlich ist es, daß der Patient und der Heiler einen raschen Erfolg anstreben; gelingt das nicht, dann darf man den Mut und den Glauben nicht verlieren.

Es ist eine Grundwahrheit, daß die Geistheiler wie wir selbst, den kosmischen Kräften unterworfen sind. Sie bemühen sich dauernd, um sich geistig höher zu entwickeln. Sie lernen immer noch und erreichen heute mehr als in vergangenen Jahren. Sie werden sich noch weiter vervollkommnen und die jetzt erreichten Erfolge übertreffen.

Die Geistheiler sind nicht allmächtig; sie haben keine Gewalt über Leben und Tod; sie können alte Menschen nicht jung machen. Diese Grenzen muß man anerkennen.

Nur Gott ist allmächtig. Wenn er unter Verletzung der Lebensgesetze eingriffe, stände es im Widerspruch zu unserer Auffassung von göttlicher Gerechtigkeit; von „IHM" hängt es ab, wer geheilt werden soll.

Nochmals: Geistiger Kontakt muß hergestellt werden – das sind Anfang und Ende der Entwicklung des Heilers. Alles andere gehört zur Heilmittelbehandlung in irgend einer Form. Also: Unsere Rolle ist einfach, seien wir froh darüber.

Der Leidende, der dies erkannt hat, kann sich selber helfen. Auch der Heiler erlangt selber Hilfe, wenn er das, was er sonst anderen so selbstlos gewährt, für sich anwendet.

Was Heiler freiwillig in Liebe leisten, ist gewiß mehr als irgend ein anderes Hilfswerk innerhalb der Gemeinschaft. Das liegt in der Natur der Sache, denn es entspricht ja dem inneren Wunsch, denen zu helfen, die durch Schmerz und Krankheit leiden. Gewinnsucht darf nicht dabei sein, sonst bleibt der Erfolg aus. Hat jemand die Gabe der Heilung und widmet er ihr sein Leben, so ist es natürlich, daß er Nahrung und Obdach haben muß; deshalb ist es recht und billig, ihm die für den Patienten aufgewendete Zeit etwas zu vergüten.

Geistheilung entspricht dem göttlichen Willen. Der Spiritualismus sieht sie als unschätzbare geistige Gabe an. Die Freude über die Heilung belohnt den Heiler; dieses gewaltige Glücksgefühl ist unbeschreiblich.

Wir hoffen, daß dieses Buch den angehenden Heilern Inspirationen und Führungen geben wird, durch die sie zu Gottespriestern im Dienst der Menschheit werden. Wer als Werkzeug der göttlichen Heilungen wirkt, dessen Geist wird erhoben, und dadurch wird er selbst allmählich zu einer geistigen Wesenheit. Er bleibt aber im Rahmen der Naturgesetze und kann weiterhin an der Welt und ihren Freuden Anteil nehmen; ja, er wendet sich noch mehr der Natur zu, und das Streben nach Glück und Freude ist menschlich. Das Unnatürliche entspricht nicht dem Geistigen.

Vielleicht üben wir die Geistheilung nicht so sehr aus dem Grunde, den Unglücklichen zu helfen oder die Kranken genesen zu lassen, sondern um die Menschheit zu überzeugen, daß wir alle geistige Wesen sind. Wenn wir das nicht wären, gäbe es keine Heilung durch die geistigen Kräfte.

Der Mensch ist ein Geistwesen, der Geist selbst belebt ihn. Durch die logische Schlußfolgerung aus der Geistheilung können wir jeden vom Weiterleben nach dem Tode überzeugen und ihm seine geistige Natur beweisen. Dadurch wird ihm der wahre Zweck des Lebens klar, dem er angehört, und auch der Beitrag, den er dazu in unbegrenzten Zeiten zu leisten hat, Wenn er das einsieht, ordnet er sein Leben dem erhabenen, guten Zweck unter und beeinflußt dadurch seine Mitmenschen. Sein Leben weiht er nun der Vorbereitung des ihm bevorstehenden höheren Lebens und so lehnt er den jetzt herrschenden, auf Besitz und Profitgier aufgebauten Materialismus ab.

So wirken wir durch die Macht der Geistheilung auf die menschliche Seele und erwecken sie zum wahren Aufstieg ins Geistige. Es ist die bewußte Einführung geistiger Werte ins Leben und die Aussaat geistiger Begriffe in Seele und Gemüt aller, denen in Bedrängnis geholfen wurde. Dadurch wird der ganzen heutigen Menschheit eine neue Weltanschauung geschenkt, die sie mit frischer Kraft erfüllt.

Die Seele fühlt Schmerz und Leiden; man behebt diese, wenn man sie auf die Heilung aufmerksam macht und zum Erwachen bringt, so daß sie selbst zu wirken beginnt und das Leben des Körpers schöner gestaltet – als Vorspiel für den späteren Aufstieg ins geistige Reich.

So hat also diese Heiltätigkeit tiefgreifende geistige Beziehungen. Der Heiler nimmt Anteil am göttlichen Plan, er arbeitet dabei mit. Bei allem was wir für die Kranken tun, soll dies der Impuls sein; er wirkt mit, er inspiriert uns; er gibt uns das Licht, das die Augen der Menschheit öffnet, um die Hohlheit der heutigen Weltanschauung zu erkennen und den Blick in die Zukunft zu richten – mit den erhabensten Horizonten und unbegrenzten Möglichkeiten.